Exotische Küche

Malaysische Küche

Original Kochrezepte aus Brunei, Malaysia und Singapur

Nariman Zeitun

Die Autorin und der Verlag bedanken sich bei allen, die sie mit Rezepten versorgt haben, damit dieses Buch auf dem deutschsprachigen Markt erscheinen konnte.

1. Auflage 1997, ... 4. Auflage 2016

Bearbeitung: Christina Khenkhar
Titelbild: Gundula Wagner
Übersetzung, Gestaltung, Herstellung und Satz:
Asfahani Verlag
Hausbrucher Straße 54 / D-21147 Hamburg
Federal Republic of Germany
Telefon (AB) 040 7967951 Fax 040 7967955
Email: info@asfahani.de
www.asfahani.de

ISBN 978-3-927459-86-1

Exotische Küche
Kochbücher aus dem Süden

Sachregister

Kurze Informationen

Vorspeisen

Suppen

Beilagen

Reis

Fleisch- und Gemüsegerichte

Geflügelgerichte

Fischgerichte

Teigspeisen

Süßspeisen

Kurze Informationen

Chili

Wie man mit scharfen Chilis umgeht

Bevor Sie die Chilis anfassen, ziehen Sie bitte Gummihandschuhe an. Damit wird verhindert, dass die ätherischen Öle Ihnen Hautjucken verursachen. Außerdem berühren Sie nicht Ihre Augen während des Arbeitens mit Chili.

Chili nur mit kaltem Wasser waschen. Heißes Wasser kann manchmal bei getrocknetem Chili Dämpfe entwickeln, die die Augen und Schleimhäute reizen.

✳✳✳✳✳✳✳✳✳✳

Kokosnussmilch

Um Kokosnussmilch herstellen zu können, muss man zuerst das weiße Fruchtfleisch raspeln oder reiben.

Kokosnusspaste herstellen

1. Methode

☺ Fruchtfleisch einer Kokosnuss reiben ➟ in den Mixaufsatz einer Elektroküchenmaschine geben ➟ 1/4 Liter heißes Wasser darüber geben und mit hoher Geschwindigkeit mixen ➟ einen weiteren 1/4 Liter heißes Wasser dazugeben und weitermixen, bis ein glatter Brei entstanden ist.

2. Methode

☺ Kokosnussfruchtfleisch von Hand reiben (oder fertig geriebene Kokosnuss verwenden) ➟ 1/2 Liter heißes Wasser darüber geben ➟ mit einem Schneebesen oder Elektromixer kräftig schlagen.

Kokosnussmilch herstellen:

☺ Ein Sieb mit einem Küchentuch auslegen ➡ Kokosnussbrei hineingeben ➡ mit einem Löffel kräftig pressen ➡ die Enden des Tuches zusammenhalten und kräftig wringen, damit die restliche Flüssigkeit aus dem Brei austropfen kann.

❍ Man kann auch Kokosnusscreme aus der Dose oder aus dem Glas nehmen und mit Wasser verdünnen.

✻✻✻✻✻✻✻✻✻✻

Dämpfen ohne Dampfkochtopf

Es gibt mehrere Methoden, Gerichte zu dämpfen, ohne extra einen Dampfkochtopf zu kaufen.

Abb. 1:

Etwas Wasser in einen Topf geben ➡ ein Metallsieb in den Topf stellen ➡ Zutaten in das Sieb geben ➡ Topf zudecken und das Wasser zum Kochen bringen, dann bei mittlerer oder schwacher Hitze dämpfen lassen, bis die Zutaten gar sind.

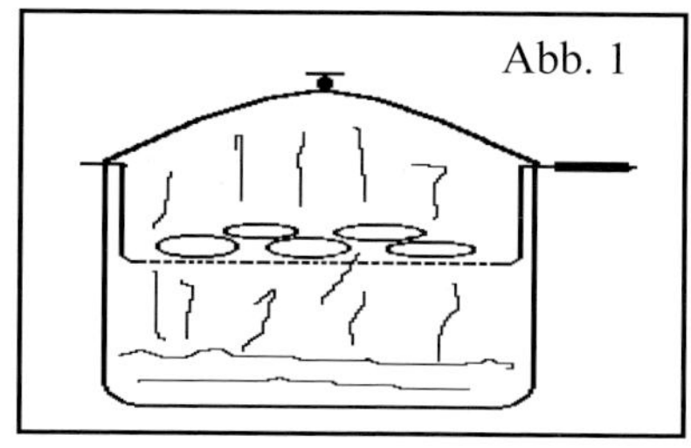

Abb. 1

Abb. 2:

Wasser in einen Topf geben ➡ eine schwere Tasse in die Mitte stellen und darauf eine Platte aus Metall oder Keramik legen ➡ die Zutaten darauf verteilen ➡ Topf zudecken und das Wasser zum Kochen bringen, dann bei mittlerer oder schwacher Hitze dämpfen, bis die Zutaten gar sind.

Abb. 2

✻✻✻✻✻✻✻✻✻✻

Reisblätter

Reisblätter werden in Asien für Frühlingsrollen verwendet. Es gibt fertige und frische (hausgemachte) Reisblätter. Die erste Sorte kann man in vietnamesischen oder fernöstlichen Lebensmittelläden kaufen. Sie wird aus Reismehl, Salz und Wasser hergestellt. Die zweite Sorte kann man selber herstellen.

Frische Reisblätter
Methode 1

Zutaten:

1 Tasse feines Reismehl
1/4 Tasse Tapiocastärke oder Maisstärke
ca. 2 Tassen Wasser
etwas Salz

So wird es gemacht:

☺ Alle Zutaten in eine Schale geben und gut verrühren (der Teig muss flüssig sein).

☺ Ein flaches Sieb mit einem starken Tuch bespannen (siehe Abb. 3) ➡ ca. 1 Tasse Wasser in einen Topf geben ➡ das Sieb darauf stellen und zum Kochen bringen, dann auf mittlere Hitze stellen.

☺ Eine Kelle flüssige Reismehlmischung in die Mitte geben und dünn auf dem Tuch verteilen ➡ ca. 1 Minute dämpfen lassen. Dann einen Holzstab nehmen, und auf eine Seite des Reisblattes legen. Die Reisblattecke anheben, über den Holzstab legen und rollen (siehe Abb. 4). Dann können Sie das fertige Reisblatt vom Sieb entfernen. Danach auf eine flache Unterlage legen.

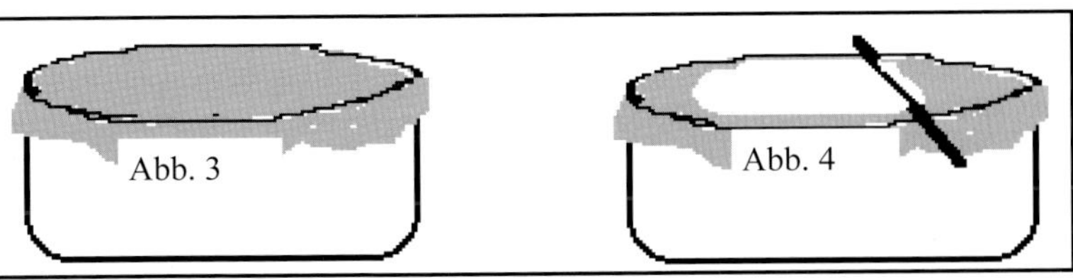

Methode 2

Zutaten:

siehe Methode 1 (Seite 9)
dazu benötigen Sie ca. 1 Esslöffel Öl
Butter

So wird es gemacht:

☺ Die Zutaten werden in einer Schale zu einer flüssigen Mischung verarbeitet.

☺ Etwas Butter oder Öl in einer Teflonpfanne erhitzen ➡ eine Kelle Reismischung in die Pfanne geben. Pfanne zudecken und einige Sekunden von einer Seite anbraten. Dann Deckel abheben und die Oberfläche beobachten. Wenn das Reisblatt gar wird, bilden sich auf der Oberfläche längliche Blasen. Ansonsten Pfanne zudecken und noch einige Sekunden länger garen.

✳✳✳✳✳✳✳✳✳✳

Gebrannter Zuckersirup

Etwas Wasser und Zucker in einen kleinen Topf geben, umrühren und stark erhitzen. Wenn der Zucker dunkler wird, ständig rühren, bis die Zuckerfarbe dunkelbraun ist ➡ vom Herd nehmen ➡ das restliche Wasser dazugeben und gut verrühren, dann einige Minuten köcheln lassen ➡ etwas Zitronensaft darüber geben und umrühren ➡ vom Herd nehmen und abkühlen lassen.

✳✳✳✳✳✳✳✳✳✳

Zutaten und asiatische Spezialitäten

Adobado: Haltbar gemachte Fleischgerichte in Essig und Knoblauch.

Acar: Eingelegtes Gemüse

Achuete oder **Annattosamen:**
Annattosamen (in Pulverform) färben die Gerichte rötlich, und geben ihnen einen milden Peperonigeschmack.

Agar Agar: Seegras

Alamang: Sehr kleine Krabbenart.

Amarant: Amarant wird wie Spinat zubereitet. Leider sieht man diese Gemüsesorte selten auf dem deutschen Markt.

Apom: Gedämpfter Reiskeks (hergestellt aus Reismehl und Backpulver)

Asam gelugor: In Streifen geschnittene und getrocknete Tamarinde

Auberginen (Terung) **:** Außer den üblichen Angeboten an dunklen Sorten (ca. 20 Sorten) gibt es weiße, gelbe und grüne runde Auberginen. Diese Sorten werden zu bestimmten Jahreszeiten importiert. Grüne Auberginen werden „afrikanische Auberginen" genannt, sie werden auch unter dem Namen „ *Antroewa* " in manchen Feinkostgeschäften angeboten.

Batate (Keledek) - Süßkartoffeln oder weiße Kartoffeln**:** Batate werden das ganze Jahr über auf dem deutschen Markt angeboten. Trotzdem ist die Süßkartoffel hierzulande wenig bekannt.

Belacan: Paste hergestellt aus gesalzenen und gegarten Krabben.

Belimbing wird auch Karambole oder Sternfrucht **genannt:** Obstsorte, die frisch oder in Obstsalat gegessen wird.

Bohnen (getrocknete Sorten)**:** Außer dem üblichen Angebot an getrockneten Sorten, gibt es zwei besondere Sorten:

Spargelbohnen oder Augenbohnen (auch bekannt als schwarze Augenbohnen)

Adzukibohnen dunkelbraun mit weißen Streifen

Bohnen (frische Sorten)**:** Außer dem üblichen Angebot an Bohnen auf dem deutschen Markt, gibt es gelegentlich folgende Sorten:

Bobbybohnen (Ägypten) Borlottibohnen (Italien)

Cocobohnen, auch bekannt als breite Bohnen
Kidneybohnen oder rote Bohnen

Schwarze Bohnen	Spaghetti-Bohnen	
Wachtelbohnen	Limabohnen	Adzukibohnen
Reisbohnen	Urdbohnen	Mungbohnen

Bohnenpaste (Inti Kacang)**:** Bohnenpaste wird aus zerdrückten Sojabohnen, Reismehl und Salz hergestellt. Es gibt verschiedene Sorten, die am meisten verwendeten Sorten sind gelbe und rote Bohnenpaste.

Bohnenquark (Tauhu)**:** Bekannt als Tofu. Tofu wird aus Sojabohnen hergestellt, die Herstellung braucht viel Zeit. In den meisten asiatische Lebensmittelläden gibt es verschiedene Sorten Bohnenquark.

Buah Keras (Kerzennüsse)**:** Diese Sorte ist bekannt in Südostasien. Die Früchte sind ca. 3 cm groß und man verwendet sie zum Andicken von Gerichten, vor allem von Currygerichten.

Celosie oder **Amaranthaceae:** Blattgemüse, ähnlich wie Amarant. Es gibt rote und grüne Celosie.

Chayote (Eierkürbis) auch *Chocho* oder *Christofine* genannt**:** Eine Chayotefrucht wiegt ca. 250 bis 300 g. Chayotefleisch wird als Salat oder als Kochgemüse gegessen.

Flaschenkürbis: Das ganze Jahr über auf dem deutschen Markt erhältlich. Flaschenkürbisse sehen aus wie große Zucchini und haben eine hellgrüne Farbe. Sie werden als Kochgemüse verwendet. Kleine Flaschenkürbisse werden auch türkische Zucchini genannt.

Maniok oder **Cassava:** Kochgemüse, enthält giftigen Blausäuereglykosid deshalb darf man sie nicht roh gegessen werden. Deshalb sollte der Maniok gekocht, geröstet oder gedämpft serviert.

Matoke oder **Plantain:** Grüne Kochbananen.

Okra: Kochgemüse

Yam: Knollen, die man wie Kartoffeln kochen und essen kann.

Palmölnüsse: Man bekommt sie ab und zu bei einigen afrikanischen Lebensmittelhändlern (Afro-Shop).

Pfeilwurz (Arrowroot)**:** Wird als Kochgemüse verwendet.

Panocha: Dunkelbrauner Rohrzucker, wird zu Sirup verarbeitet und in Kokosnusshälften aufbewahrt und verkauft.

Reisfadennudeln (Beehonn)

Tausi: Schwarze Sojabohnen, gestampft und eingelegt.

Tapioka: Sago aus der Maniokwurzel.

***Andere asiatische Zutaten*:**

Reisblätter, Reisnudeln, Glasnudeln (Sohoon oder Tanghoon) getrockneter Fisch, Anchoviepaste (Sardellenpaste) Bohnensprossen, Sojasoße, Fischsoße, Austernsoße, getrocknete Krabben, klebriger Reis (Bruch- oder Milchreis), getrockneter Tintenfisch, Taroblätter u.v.a.

****

Gewürze und Gewürzpflanzen

In unserem Kochbuch haben wir Gewürze und Gewürzpflanzen verwendet, die in Deutschland erhältlich sind, das sind:

Boksklee (Alba)

Chilis, es gibt in manchen Afro-Shops sehr scharfe afrikanische Chili.

Fünfgewürze (Gewürzmischung)

Galangal (Lenguas), aus der Familie der Ingwerwurzel.

Garam Masala (Gewürzmischung)

Gelbwurzel (nicht in Pulverform), wird ab und zu auf dem Markt angeboten.

Gelbwurzelpulver oder **Kurkuma**

Ingwerwurzel

Ingwerpulver

Koriander (wird auch „chinesische Petersilie“ genannt), frisch oder getrocknet.

Siebengeürze (Gewürzmischung)

Sumak (Gewürz)

Vorspeisen

Papayasalat mit Chili

Zutaten:

1 kleine Papayafrucht, schälen, halbieren, entkernen und reiben
1 kleine Chilischote, Stielansatz entfernen, der Länge nach halbieren, Samen entfernen und fein hacken
1 Handvoll geröstete Erdnüsse, zwischen den beiden Handflächen reiben, damit die feinen Schalen entfernt werden, in einen Mörser geben und zerdrücken
1 bis 2 Karambole (Belimbing), in dünne Scheiben (sternförmig) schneiden, Samen entfernen und vierteln
1 große Tomate, Haut anritzen, mit kochendem Wasser überbrühen, Haut abziehen, halbieren, Samen entfernen und hacken
1 bis 2 Schalotten, fein hacken
2 Esslöffel gehackten Koriander (ersatzweise ½ Teelöffel getrockneten Koriander)
Zitronensaft
Fischsoße

So wird es gemacht:

☺ Papaya, Tomaten, Chili, Koriander, Schalotten und Karambole in eine Schale geben und gut vermengen ➟ mit Zitronensaft und Fischsoße abschmecken ➟ zerdrückte Erdnüsse darüber streuen und servieren.

❄❄❄❄❄❄❄❄❄❄

Gemüsesalat-Rojak

Zutaten:

1 kleine Gurke, schälen, erst in Streifen und dann in Würfel schneiden
1/2 frische Ananas, in Würfel schneiden
1 kleine Yambohne, schälen und in kleine Würfel schneiden oder schaben. Falls man normales Yam verwendet, kurz gar kochen, schälen und in kleine Würfel schneiden
je 1 Guava und Karambole, in kleine Würfel schneiden. Ersatzweise 1 Mango, halbieren, entkernen, schälen und würfeln

Zutaten für die Soße:

1 Esslöffel Garnelenpaste. Ersatzweise Krabbenpaste
1 Esslöffel Hoisunsoße (Mischung besteht aus Sojasoße, Knoblauch und Gewürzen)
1 bis 2 lange milde Peperoni, entkernt und zerdrückt
1 Teelöffel Krabbensoße (Belancan)
Zucker
Helle und dunkle Sojasoße (Menge nach Geschmack)
1 bis 2 Teelöffel Sesamkerne
1 Handvoll Erdnüsse, zerdrücken

So wird es gemacht:

☺ Alle Zutaten für die Soße (außer Sesamkernen und Erdnüssen) in eine Schale geben und gut verrühren ➟ mit Zucker abschmecken ➟ Gurke, Ananas, Karambole, Yam und Guava dazugeben und gut vermengen ➟ mit Sesamkernen und Erdnüssen bestreuen und servieren.

❄❄❄❄❄❄❄❄❄❄

Erdnuss-Salat

Zutaten:

1 Yambohne, schälen, halbieren und in dünne Streifen schneiden (ersatzweise normales Yam)
1 kleine Gurke, schälen und in Scheiben schneiden
1 Handvoll grüne Bohnen, halbieren
einige Kohlblätter, halbieren und in dünne Streifen schneiden

☺ Alle 4 Zutaten in Salzwasser gar kochen ➟ in ein Sieb geben und abtropfen lassen, dann auf einem Servierteller anrichten.

Zutaten für die Soße:

2 Esslöffel Tamarinde, 5 Minuten lang in ca. 1/2 Tasse Wasser einweichen, dann die Tamarinde zwischen den Fingern zerdrücken, damit die Säfte mit dem Wasser gemischt werden, durch ein Sieb geben und die Flüssigkeit auffangen. Die im Sieb befindliche Tamarinde durchpressen und mit der Flüssigkeit vermengen
1/2 Tasse Erdnüsse, feine Schalen entfernen (Die Nüsse zwischen den beiden Handflächen reiben)
7 bis 8 Schalotten, hacken
Krabbenpaste (Menge nach Belieben und Geschmack)
3 bis 4 lange milde Peperoni, waschen, trocknen, Stielansätze und Samen entfernen und hacken
Öl

So wird es gemacht:

☺ Etwas Öl in einer Pfanne erhitzen ➟ Schalotten dazugeben und kurz dünsten. Peperoni und Krabbenpaste untermengen und dünsten, bis sie Farbe annehmen ➟ Mischung aus der Pfanne nehmen und kurz abtropfen lassen, dann in einen Mörser geben ➟ Erdnüsse dazugeben und zu einer Paste zerdrücken ➟ Tamarindeflüssigkeit nach und nach darüber geben und gut verrühren ➟ abschmecken und in eine Servierschale geben.

Soße und Salatteller separat servieren.

❄❄❄❄❄❄❄❄❄❄❄

Malaysischer gemischter Salat

Zutaten:

1 kleinen getrockneten Tintenfisch, ca. 10 bis 15 Minuten in Wasser einlegen, säubern, waschen, zerkleinern, mit Chilipulver bestreuen, in Öl braten und beiseite stellen
200 bis 250 g Bohnensprossen, in kochendem Wasser blanchieren, in ein Sieb geben und abtropfen lassen
1 bis 2 Stücke Bohnenquark (Tofu), in Öl braten, aus der Pfanne nehmen und abtropfen lassen, dann in Streifen schneiden und beiseite stellen
1 große Gurke, schälen, der Länge nach halbieren, mit Salz bestreuen, in ein Sieb geben, damit die Flüssigkeit abtropfen kann
1 Yambohne, schälen, in Scheiben schneiden, gar kochen, in ein Sieb geben und abtropfen lassen (ersatzweise normales Yam)
2 bis 3 hart gekochte Eier, schälen und in Scheiben schneiden
ca. 100 g Krabbenfleisch
150 g Mehl
50 g Reismehl
etwas Backpulver
1 Ei, aufschlagen, in eine Schale geben und verrühren
Öl, zum Braten
2 bis 3 Esslöffel Sesamkerne, rösten
ca. 100 g Erdnüsse, feine Schalen entfernen, in einen Mörser geben und zerdrücken

Zutaten für die Soße:

Zutaten in einen Mörser oder Elektromixer geben und zu einer Paste verarbeiten.

4 bis 5 lange milde Peperoni, Stielansätze entfernen, der Länge nach halbieren, Samen entfernen und hacken
8 bis 9 kleine Schalotten, hacken
2 bis 3 Knoblauchzehen, schälen und vierteln

Ein Stück Tamarinde, ca. 5 Minuten lang in 2 Tassen Wasser legen, dann in dem Wasser zwischen den Fingern zerdrücken, 10 bis 15 Minuten stehen lassen, durch ein Sieb geben und Flüssigkeit auffangen. Dann die im Sieb befindliche Tamarinde durchpressen und mit der Flüssigkeit verrühren

1 Esslöffel Maismehl in 2 Esslöffel Wasser auflösen. Ersatzweise 1 Süßkartoffel, gar kochen, schälen und pürieren (zum Andicken der Soße)
2 bis 3 Esslöffel Zucker oder braunen Zucker
Salz
Öl

So wird es gemacht:

☺ Mehl, Reismehl, Ei, Backpulver und Salz in eine Schale geben und gut vermengen ➟ ca. 1/2 Tasse Wasser nach und nach darüber geben und zu einem dickflüssigen Teig verkneten ➟ Krabbenfleisch dazugeben und gut vermengen ➟ Öl in einer Pfanne erhitzen ➟ Teigmischung löffelweise in das heiße Öl geben und knusprig braten ➟ aus der Pfanne nehmen ➟ abtropfen lassen ➟ abkühlen lassen, in Stücke schneiden und beiseite stellen.
☺ Gurkenscheiben auf einem Teller anrichten ➟ Tintenfischstücke, Bohnensprossen, Bohnenquark, Yam und Krabbenfleisch darüber verteilen.

Soße herstellen:

☺ Öl in einer Pfanne oder einem Topf erhitzen ➟ Gewürzpüree dazugeben und einige Minuten dünsten ➟ Tamarindeflüssigkeit, Zucker und aufgelöstes Mehl (oder Süßkartoffel) dazugeben, gut verrühren und kurz zum Kochen bringen, dann bei schwacher Hitze ca. 20 Minuten köcheln lassen. Falls die Soße sehr dickflüssig wird, etwas Wasser darüber geben ➟ zerdrückte Erdnüsse und Sesamkerne dazugeben ➟ umrühren ➟ abschmecken und über die Salatzutaten gießen und servieren.

****

Ananassalat - Nanas Kerabn

Zutaten:

1 Ananas, schälen, in kleine Würfel schneiden und in eine Schale geben
1 Esslöffel Krabbenpaste (Belancan)
2 bis 3 lange milde Peperoni, Stielansätze entfernen, der

Länge nach halbieren, Samen entfernen und hacken
1 Bund Lauchzwiebeln, in dünne Ringe schneiden
2 Schalotten, vierteln
Ein paar Löffel Krabbenfleisch
Salz
1 Prise Zucker

So wird es gemacht:

☺ Schalotten, Krabbenpaste, Krabbenfleisch und Peperoni in einen Elektromixer geben und pürieren ➟ Lauchzwiebeln und Püree über die Ananasstücke geben und gut vermengen ➟ mit Salz und Zucker abschmecken und servieren.

****

Gebratene Krabben

Zutaten:

100 g Krabbenfleisch, hacken
1/2 Tasse Mehl, sieben
ca. 1/2 Tasse Wasser
1 Teelöffel Backpulver
1 lange milde Peperoni, Stielansatz entfernen, der Länge nach halbieren, Samen entfernen und fein hacken
1 kleine Zwiebel, fein hacken
1 Ei, aufschlagen, in eine Schale geben und verrühren
1/2 Esslöffel Sojasoße (oder mehr)
Salz und Pfeffer
Öl

So wird es gemacht:

☺ Krabbenfleisch, Sojasoße, Salz und Pfeffer in eine Schale geben ➟ gut vermengen und ca. 10 Minuten stehen lassen.
☺ Mehl, Backpulver, Zwiebeln, Peperoni, Ei und Salz über die Krabbenmischung geben und kneten ➟ Wasser nach und nach dazugeben und zu einem weichen Teig verkneten ➟ Schale zudecken und ca. 15 Minuten stehen lassen.
☺ Öl in einer Pfanne erhitzen ➟ Krabbenteig löffelweise in das heiße Öl geben und braten, bis er eine leichtbraune Farbe annimmt ➟ aus dem Öl nehmen, abtropfen lassen und servieren.

Papaya in scharfer Soße

Zutaten:

250 g Papaya, schälen und in Würfel schneiden
1 Handvoll frisches oder getrocknetes Krabbenfleisch
1 bis 2 Chilischoten, Stielansätze entfernen, der Länge nach halbieren, Samen entfernen und fein hacken
Krabbenpaste (Menge nach Geschmack)
1 Lauchzwiebel, fein hacken
1 Schalotte, fein hacken
Salz
Pfeffer

So wird es gemacht:

☺ 2 bis 2½ Tassen Wasser, Krabbenfleisch, Krabbenpaste, Lauchzwiebeln, Schalotten, Salz und Pfeffer in einen Topf geben und zum Kochen bringen ➟ Papayastücke und Chili dazugeben und bei schwacher Hitze köcheln lassen, bis die Papayastücke gar sind ➟ mit Salz und Krabbenpaste abschmecken und servieren.

****

Gesalzener Fisch mit Tamarinde

Zutaten:

1 gesalzenen Fisch (ca. 100 g), unter fließendem Wasser waschen, abtrocknen und in Streifen schneiden
1 große Zwiebel, in Ringe schneiden
1 bis 2 lange Peperonis, Stielansätze entfernen, der Länge nach halbieren, Samen entfernen und in Streifen schneiden
1 Esslöffel Tamarinde, in ca. 1 Tasse Wasser geben und ca. 5 Minuten stehen lassen, dann im Wasser zwischen den Fingern zerdrücken, 10 bis 15 Minuten stehen lassen, durch ein Sieb geben und Flüssigkeit auffangen, dann die im Sieb befindliche Tamarinde durchpressen und mit der Flüssigkeit verrühren
1 bis 2 Esslöffel Zucker
Sojasoße (Menge nach Geschmack)
Öl

So wird es gemacht:

☺ Öl in einer Pfanne erhitzen ➟ Fischstücke dazugeben und braten ➟ aus der Pfanne nehmen und beiseite stellen ➟ Zwiebeln in die Pfanne geben und glasig dünsten ➟ Krabbenpaste und Peperoni dazugeben und kurz dünsten ➟ Tamarindeflüssigkeit, Zucker und etwas Sojasoße darüber geben und gut verrühren ➟ köcheln lassen ➟ mit Zucker abschmecken ➟ Fischstücke in die Soße geben und kurz zum Kochen bringen ➟ heiß mit Reis servieren.

****

Gefüllter Bohnenquark (Tofu)

Zutaten:

5 Stücke Bohnenquark (Taukua)
100 g Krabbenfleisch, grob zerkleinern
ca. 100 g Mehl
1 Ei, aufschlagen, in eine Schale geben und verrühren
Salz
Pfeffer
Öl, zum Braten

So wird es gemacht:

☺ Taukua seitlich mit einem Messer so schneiden, dass 3 Seiten geschlossen bleiben.

☺ Krabbenfleisch, Mehl, Ei, Salz und Pfeffer in eine Schale geben und gut vermengen ➟ Krabbenmischung in die Bohnenquarkstücke füllen ➟ Öl in einer Pfanne leicht erhitzen ➟ gefüllte Bohnenquarktaschen in das Öl geben und braten, dabei öfter umdrehen, bis die Füllung gar ist ➟ aus der Pfanne nehmen, abtropfen lassen ➟ heiß mit Chilisoße servieren.

****

Gemischter Salat mit Kokosnusssoße

Zutaten:

1 kleine Gurke, schälen und in Scheiben schneiden
1 Handvoll grüne Bohnen, vierteln, in Salzwasser gar kochen, in ein Sieb geben und abtropfen lassen
1 kleine Yambohne (ersatzweise normales Yam), schälen, in kleine Würfel schneiden, in kochendem Wasser blanchieren, in ein Sieb geben und abtropfen lassen
1 Süßkartoffel, gar kochen, schälen und in kleine Würfel schneiden
1 Handvoll Sojabohnensprossen, blanchieren, in ein Sieb geben und abtropfen lassen
1 Stück Bohnenquark, in Öl braten, dann in kleine Würfel schneiden
1 Kokosnuss, daraus 1 bis 1½ Tassen Kokosnussmilch herstellen (siehe Seite 7)
2 bis 3 Knoblauchzehen, mit etwas Salz in einem Mörser zerdrücken (oder fein hacken)
2 Schalotten, fein hacken
3 bis 4 Lauchzwiebeln, fein hacken
1 kleines Stück Kurkumawurzel, hacken
ca. 100 g geröstete Erdnüsse, feine Schalen entfernen, in einen Mörser geben und zerdrücken
3 bis 4 Esslöffel Zucker
Salz
2 bis 3 Esslöffel gehackter Koriander
Öl

So wird es gemacht:

☺ Etwas Öl in einem kleinen Topf erhitzen ➟ Schalotten dazugeben und glasig dünsten ➟ Knoblauchpaste, Lauchzwiebeln und Kurkuma dazugeben und kurz dünsten ➟ Kokosnussmilch darüber gießen und umrühren ➟ Erdnüsse, eine Prise Salz und Zucker dazugeben und umrühren, bis sich der Zucker aufgelöst hat ➟ einige Minuten brodeln lassen, Koriander dazugeben, umrühren und vom Herd nehmen.

☺ Die fertig gestellten Salatzutaten in eine Servierschale geben und gut vermengen ➟ Kokosnusssoße darüber geben und servieren.

****

Gedämpfte Reismischung

Zutaten:

250 g Bruchreis, waschen, 3 bis 4 Stunden in Wasser legen, in ein Sieb geben und abtropfen lassen
ca. 100 g Fleisch, gar kochen, aus dem Wasser nehmen und fein hacken
1 bis 2 Esslöffel gehackter Koriander. Ersatzweise 1/2 Teelöffel getrockneter Koriander
ca. 100 g geröstete Erdnüsse, feine Schalen entfernen und in einem Mörser zerdrücken
1 bis 1½ Esslöffel Sojasoße (Sorte nach Belieben)
Zucker
Salz
Butterschmalz
Bambusblätter. Ersatzweise Alufolie

Folgende Zutaten mit etwas Salz in einem Mörser zerdrücken:

2 Knoblauchzehen
3 bis 4 Schalotten
einige Pfefferkörner
1 cm Ingwerwurzel

So wird es gemacht:

☺ Reis in einen Topf geben ➟ Wasser darüber geben, bis das Wasser ca. 2 Fingerbreit über dem Reis steht ➟ Topf zudecken und kurz zum Kochen bringen, dann bei schwacher Hitze ca. 25 Minuten köcheln lassen, bis der Reis gar ist ➟ Butterschmalz und eine Prise Salz dazugeben ➟ gut vermengen und beiseite stellen.

☺ Öl in einer Pfanne erhitzen ➟ Knoblauchmischung und Koriander dazugeben und kurz dünsten ➟ Fleischstücke, Sojasoße, Zucker und 1 Prise Salz dazugeben und gut vermengen ➟ bei mittlerer Hitze braten, bis die Fleischstücke gar sind und sich der Zucker völlig aufgelöst hat ➟ abschmecken. Der Geschmack soll süß und etwas salzig sein.

☺ Bambusblätter (oder Bananenblätter oder Alufolie) waschen und in kochendes Wasser geben, damit die Blätter weich werden ➟ die Blätter, je nach Größe, halbieren oder vierteln ➟ 2 bis 3 Esslöffel (oder mehr) Reis zu einer Kugel formen und pressen, dann auf ein Blatt geben ➟ in die Mitte mit dem Finger eine Mulde drücken und Fleischmischung hineingeben ➟ Mulde mit etwas Reis schließen ➟ Bambusblatt (oder Alufolie) zu einer Pyramide formen und mit einem Faden fest zusammenbinden (Abb. 1), damit beim Dämpfen die gefüllten Blätter nicht aufgehen ➟ die gefüllten Blätter in einem Dampftopf ca. 30 Minuten lang dämpfen (siehe Seite 8).

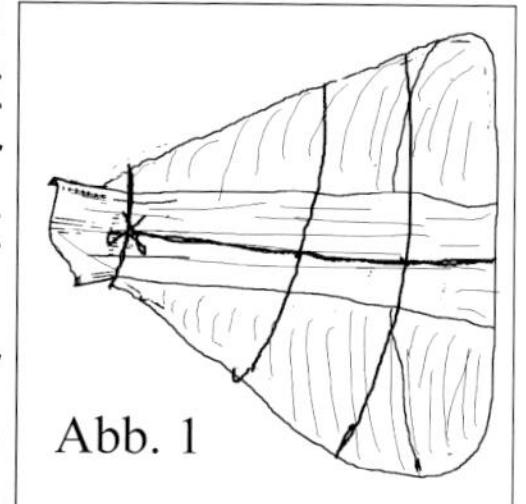
Abb. 1

****

Po Piah Chien-Frühlingsrolllen

Zutaten:

150 g Fleisch, erst in dünne Streifen schneiden und dann in Würfel schneiden, waschen und abtropfen lassen
150 bis 200 g Krabbenfleisch (kleine Sorte)
1 Stück Bohnenquark (Tofu), in kleine Würfel schneiden
1 Bund Lauchzwiebeln, fein hacken
4 bis 5 Schalotten, hacken
ca. 150 g Yambohnen (ersatzweise normales Yam oder Süßkartoffeln), schälen, waschen und schaben
3 bis 4 lange milde Peperonis, Stielansätze entfernen, der Länge nach halbieren, Samen entfernen, in einen Mörser geben und zerdrücken, dann etwas Wasser darübergeben und gut verrühren
1 bis 2 Knoblauchzehen, mit etwas Salz zerdrücken
Salatblätter
süße dunkle Sojasoße
Salz
Öl
Eine Packung Teigblätter

So wird es gemacht:

☺ Etwas Öl in einer Pfanne erhitzen ➟ Schalotten und Lauchzwiebeln dazugeben und dünsten, bis sie Farbe annehmen ➟ aus der Pfanne nehmen, abtropfen lassen und beiseite stellen

☺ Bohnenquarkstücke in dem heißen Öl braten ➟ aus der Pfanne nehmen, abtropfen lassen und beiseite stellen.

☺ Knoblauchpaste in das heiße Öl geben und kurz dünsten ➟ Fleischstücke dazugeben und braten, bis sie gar sind und die Flüssigkeit verdampft ist ➟ Yambohnen dazugeben, gut vermengen und weich braten ➟ salzen ➟ etwas Wasser darüber gießen und ca. 10 Minuten köcheln lassen ➟ vom Herd nehmen und beiseite stellen.

☺ Teigblätter füllen und braten (Abb. 2, siehe unten):

Teigblätter dünn rollen. Falls die Blätter sehr groß sind, halbieren ➟ auf die Mitte jedes Blattes etwas Chilisoße streichen ➟ Fleischmischung darauf geben, dann Schalotten und Lauchzwiebeln, darauf kommt Bohnenquark und Krabben ➟ untere Blattecke auf die Füllung legen, dann die Seiten einschlagen und rollen ➟ Öl in einer Pfanne erhitzen und die gefüllten Rollen darin rundherum braten, bis sie Farbe annehmen ➟ aus der Pfanne nehmen, in ein Salatblatt rollen und servieren.

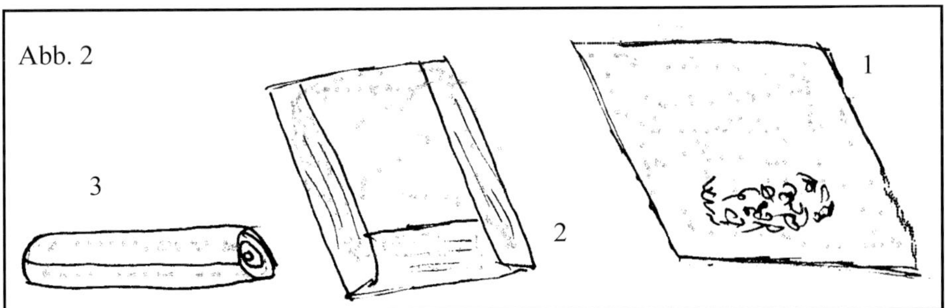

Suppen

Fleischsuppe

Zutaten:

150 bis 200 g Fleisch, in kleine Würfel schneiden, waschen und abtropfen lassen
1 Zwiebel, halbieren und in Streifen schneiden
1 Bund Lauchzwiebeln, hacken
1 bis 2 cm Ingwerwurzel, hacken
1/2 Bund Koriander, Blätter waschen und hacken
1 Teelöffel 5Gewürze
2 Lorbeerblätter
1 Prise Zucker
Salz
Pfeffer
Öl
4 bis 5 Tassen Wasser

So wird es gemacht:

☺ Etwas Öl in einer Pfanne erhitzen, dann die Zwiebeln darin knusprig braten ➟ aus der Pfanne nehmen und beiseite stellen.

☺ Etwas Öl in einem Topf erhitzen ➟ Ingwerwurzel und Lorbeerblätter dazugeben und kurz dünsten ➟ Fleischstücke untermengen ➟ Salz, Pfeffer, 5Gewürze und eine Prise Zucker darüber geben und gut vermengen ➟ braten, bis die Flüssigkeit verdampft ist und die Fleischstücke Farbe angenommen haben ➟ Koriander und Lauchzwiebeln dazugeben und umrühren ➟ Wasser darüber gießen ➟ abschmecken und kurz zum Kochen bringen, Topf zudecken und köcheln lassen, bis die Fleischstücke weich sind ➟ in eine Servierschale geben, mit gebratenen Zwiebeln garnieren und heiß servieren.

❀❀❀❀❀❀❀❀❀❀

Ochsenschwanzsuppe

Zutaten:

500 g Ochsenschwanz, in Stücke schneiden, waschen und abtropfen lassen
3 bis 4 Kartoffeln, schälen, vierteln und waschen
1 Teelöffel Kümmelsamen
1/2 Teelöffel Anissamen
1 Teelöffel Koriandersamen
1 Stange Zimt
1 Zwiebel, in Scheiben schneiden
1 Bund Lauchzwiebeln, hacken
Salz
Pfeffer

So wird es gemacht:

☺ Kümmelsamen, Koriandersamen und Anissamen in einen Mörser geben und grob zerdrücken.
☺ Ochsenschwanzstücke, Zwiebeln, Salz, Pfeffer und reichlich Wasser in einen Topf geben und zum Kochen bringen ➟ bei mittlerer Hitze kochen lassen, bis die Fleischstücke gar sind ➟ Gewürze und Kartoffeln dazugeben ➟ abschmecken und kochen lassen, bis die Kartoffeln gar sind ➟ Suppe in eine Schale geben, mit Lauchzwiebeln garnieren und heiß servieren.

❀❀❀❀❀❀❀❀❀❀

Tom Yam-Zitronengrassuppe

Zutaten:

500 g Tiefseekrabben, waschen und schälen. Köpfe und Schalen aufbewahren
2 Zitronengrasstangen, zerkleinern
1 bis 2 lange milde Peperonis, Stielansätze entfernen, der Länge nach halbieren, Samen entfernen und zerkleinern
2 Schalotten, hacken
1 bis 2 Knoblauchzehen, vierteln
1 Limette, auspressen
2 Esslöffel gehackter Koriander. Ersatzweise 1 Teelöffel zerdrückte Koriandersamen oder getrockneter Koriander
1 Teelöffel Fischsoße
Gehackte Lauchzwiebeln, zum Garnieren
Salz
Pfeffer

So wird es gemacht:

☺ Knoblauch und etwas Salz in einen Mörser geben und zerdrücken ➟ Zitronengras, Peperonis und Schalotten nach und nach dazugeben und zu einen Paste zerdrücken.

☺ ca. 5 Tassen Wasser, Salz, Pfeffer, Krabbenköpfe zusammen mit Schalen in einen Topf geben und ca. 10 Minuten brodeln lassen ➟ Brühe durch ein Sieb geben und in einem Topf auffangen, dann zum Kochen bringen ➟ Gewürzpaste, Koriander, Krabbenfleisch und Fischsoße dazugeben und gut verrühren ➟ mit Limettensaft, Salz und Pfeffer abschmecken und ca. 10 Minuten bei mittlerer Hitze kochen lassen ➟ Suppe in eine Servierschale geben, mit Lauchzwiebeln garnieren und servieren.

Vermerk:

Man kann auch die Gewürzpaste, den Koriander und das Krabbenfleisch kurz in Öl braten und zu der Suppe geben, danach ca. 10 Minuten kochen lassen.

❀❀❀❀❀❀❀❀❀❀

Nudelsuppe

Zutaten:

150 g Fadennudeln, oder sehr dünne Eiernudeln
100 g Krabben- und/oder Steingarnelenfleisch
1 Stück Bohnenquark (Tofu), in Öl braten, abtropfen lassen und in Würfel schneiden
1 Handvoll Bohnensprossen (z.B. Sojabohnensprossen), in kochendem Wasser blanchieren, in ein Sieb geben und abtropfen lassen
50 g Spinatblätter, hacken, waschen, in ein Sieb geben und abtropfen lassen
Einige China- und Weißkohlblätter, fein hacken, in kochendem Wasser blanchieren, in ein Sieb geben und abtropfen lassen
2 Lauchzwiebeln, hacken
1 bis 2 Schalotten, hacken
2 kleine Zwiebeln, hacken
3 Knoblauchzehen, fein hacken oder mit etwas Salz zerdrücken
3 bis 4 Peperonis, Stielansätze entfernen, der Länge nach halbieren, Samen entfernen und in feine Streifen schneiden
Salz
einige Pfefferkörner
2 bis 3 Esslöffel Sojasoße
Öl
4 Tassen Wasser und/oder Brühe

So wird es gemacht:

☺ Etwas Öl in einem Topf erhitzen ➟ Zwiebeln und Schalotten dazugeben und glasig dünsten ➟ Knoblauch und Pfefferkörner untermengen und kurz dünsten ➟ Krabbenfleisch dazugeben und braten ➟ Wasser oder Brühe darübergeben ➟ umrühren und mit Salz und Sojasoße abschmecken ➟ Spinat, China- und Weißkohl, Bohnensprossen und Bohnenquark dazugeben und zum Kochen bringen, dann bei mittlerer Hitze kochen lassen, bis die Gemüsesorten gar sind ➟ Nudeln dazugeben und umrühren

➟ 1 bis 2 Minuten kochen lassen, bis sie weich sind ➟ Suppe abschmecken ➟ in eine Servierschüssel geben, mit gehackten Lauchzwiebeln und Peperoni garnieren und servieren.

❀❀❀❀❀❀❀❀❀❀❀

Reisfadennudelsuppe

Zutaten:

1 Beutel (100 g) feine Reisfadennudeln (Bee Hoon)
1 bis 2 Knoblauchzehen, mit etwas Salz zerdrücken
50 g Krabbenfleisch
1 Ei, aufschlagen, in eine Schale geben und verrühren
Salz
Pfeffer
Eventuell Sojasoße (zum Abschmecken der Suppe)
Öl
ca. 3 Tassen Wasser und/oder Brühe

So wird es gemacht:

☺ Etwas Öl in einem Topf erhitzen ➟ Knoblauchpaste dazugeben und kurz dünsten ➟ Krabbenfleisch dazugeben und 1 bis 2 Minuten braten ➟ Wasser und/oder Brühe darübergeben ➟ abschmecken und zum Kochen bringen ➟ Reisnudeln dazugeben und umrühren ➟ brodeln lassen, bis die Nudeln fast gar sind ➟ Ei dazugeben und gut umrühren, dann bei schwacher Hitze köcheln lassen, bis die Nudeln gar sind ➟ abschmecken und heiß servieren.

❀❀❀❀❀❀❀❀❀❀❀

Hähnchensuppe

Zutaten:

1 Hähnchen, waschen und abtropfen lassen
1 bis 2 Lorbeerblätter

Folgende Zutaten in einen Mörser geben und zerdrücken:

1 Stange Zitronengras (nur den weißen Teil verwenden)
2 bis 3 Knoblauchzehen, schälen und halbieren
1 große Zwiebel, vierteln
1 Teelöffel Kurkuma
1 Teelöffel Pfefferkörner
1/4 Teelöffel Anissamen
1 cm Ingwerwurzel, zerkleinern
etwas Salz

Zum Garnieren:

1 Zwiebel, in feine Streifen schneiden ➟ etwas Öl in einer Pfanne erhitzen ➟ Zwiebelstreifen dazugeben und goldbraun braten ➟ aus dem Öl nehmen und beiseite stellen
2 bis 3 Lauchzwiebeln, hacken
Salz
Pfeffer
Öl

So wird es gemacht:

☺ Hähnchen, Lorbeerblätter, Salz und reichlich Wasser in einen Topf geben und zum Kochen bringen ➟ kochen lassen, bis das Fleisch gar ist ➟ Hähnchen aus der Brühe nehmen und abkühlen lassen, dann die Brühe durch ein Sieb geben und in einem Topf auffangen ➟ Hähnchenfleisch vom Knochen lösen und zerkleinern ➟ beiseite stellen.
☺ Brühe langsam bei mittlerer Hitze zum Kochen bringen ➟ etwas Öl in einer großen Pfanne erhitzen ➟ Gewürzpaste dazugeben und kurz dünsten ➟ Fleischstücke untermengen und einige Minuten braten ➟ zu der Brühe geben und umrühren ➟ mit Salz und Pfeffer abschmecken ➟ 6 bis 7 Minuten kochen lassen ➟ in eine Servierschüssel geben, mit gehackten Lauchzwiebeln und gerösteten Zwiebeln garnieren und heiß servieren.

❀❀❀❀❀❀❀❀❀❀❀

Mee Hon Soto

Hühnersuppe mit Kokosnussmilch und Chilisoße

Zutaten:

1 Hähnchen, waschen und abtropfen lassen
1 Tasse Kokosnussmilch (siehe Seite 7)
1 Stange Zitronengras
Glasnudeln oder Suppennudeln (Menge nach Belieben), gar kochen, abtropfen lassen und warmhalten

❍ Falls man Glasnudeln verwenden möchte, muss man vorher die Nudeln in ca. 7 bis 8 cm große Stücke brechen, dann für ca. 5 Minuten in Wasser einweichen, danach kann man die Nudeln gar kochen

150 bis 200 g Sojabohnensprossen, blanchieren, in ein Sieb geben und abtropfen lassen
4 bis 5 Knoblauchzehen, vierteln
1 Zwiebel, zerkleinern
5 bis 6 Schalotten, hacken
1 Bund Lauchzwiebeln, hacken
1 kleine Chilischote, Stielansatz entfernen, der Länge nach halbieren, Samen entfernen und in einem Mörser zerdrücken
3 bis 4 Esslöffel Sojasoße
1 Teelöffel Koriandersamen
1 Teelöffel Kümmelsamen
1 Stück Zimt
Salz
Pfeffer
Öl

So wird es gemacht:

☺ Koriandersamen, Kümmelsamen und Zimt in einen Mörser geben und zerdrücken.

☺ Knoblauch, Zwiebel und etwas Salz in einen Mörser geben und zerdrücken.

☺ Hähnchen in einen Topf geben und mit Wasser und Kokosnussmilch bedecken ➡ Knoblauchpaste, zerdrückte

Gewürze, Zitronengras, Salz und Pfeffer dazugeben und gar kochen ➟ Hähnchen aus der Brühe nehmen und abkühlen lassen ➟ Brühe durch ein Sieb geben und in einem Topf auffangen ➟ Brühe bei schwacher Hitze köcheln lassen.

☺ Hähnchenfleisch vom Knochen lösen und zerkleinern ➟ warm halten.

☺ Etwas Öl in einer Pfanne erhitzen ➟ Schalotten dazugeben und goldbraun braten ➟ aus der Pfanne nehmen und beiseite stellen.

☺ Chilipaste und Sojasoße in das heiße Öl geben und dünsten, bis die Soße dicker wird ➟ in eine Schale gießen und beiseite stellen.

☺ Servieren:

Gekochte Nudeln in Suppenschalen geben ➟ Bohnensprossen darauf verteilen, dann Hähnchenfleisch ➟ heiße Brühe darüber geben ➟ mit gedünsteten Schalotten und gehackten Lauchzwiebeln garnieren ➟ Sojasoße darüber geben und servieren.

❀❀❀❀❀❀❀❀❀❀

Fleischbällchen-Suppe

Zutaten:

250 g Hackfleisch
1 Ei, aufschlagen, in eine Schale geben und verrühren
1 Zwiebel, fein hacken
2 bis 3 Knoblauchzehen, fein hacken oder mit etwas Salz in einen Mörser geben und zerdrücken
1/2 Teelöffel Ingwerpulver oder 1 cm Ingwerwurzel, fein hacken
1 bis 2 Esslöffel Mehl
1 bis 2 Karotten, schaben und in kleine Würfel schneiden
Salz
Pfeffer
Chilipulver
Öl
Brühe und/oder Wasser

So wird es gemacht:

☺ Fleisch in eine Schale geben ➟ alle Zutaten (außer Brühe und Karotten) dazugeben und zu einem Fleischteig gut verkneten ➟ Teig zu kleinen Kugeln formen.
☺ Brühe in einen Topf geben und zum Kochen bringen ➟ Karotten dazugeben, salzen und pfeffern ➟ bei mittlerer Hitze kochen lassen, bis die Karotten gar sind. Inzwischen die Fleischbällchen braten.
☺ Öl in einer Pfanne erhitzen ➟ Fleischbällchen dazugeben und braten, bis sie Farbe annehmen ➟ zu der Suppe geben und 5 bis 6 Minuten brodeln lassen ➟ abschmecken und heiß servieren.

❀❀❀❀❀❀❀❀❀❀

Spinatsuppe

Zutaten:

250 g Blattspinat, waschen und abtropfen lassen
25 g Krabben- oder Garnelenfleisch (oder getrocknetes Krabbenfleisch)
2 bis 3 Schalotten, halbieren und in dünne Streifen schneiden
Salz
Pfeffer
Öl
ca. 2 Tassen Wasser und/oder Brühe

So wird es gemacht:

☺ Etwas Öl in einem Topf erhitzen ➟ Schalotten dazugeben und glasig dünsten ➟ Krabben- oder Garnelenfleisch, Salz und Pfeffer dazugeben und kurz braten ➟ Spinat untermengen ➟ Wasser und/oder Brühe darüber geben ➟ mit Salz und Pfeffer abschmecken ➟ kochen lassen, bis der Spinat gar ist ➟ heiß servieren.

❀❀❀❀❀❀❀❀❀❀

Krabbenbällchen-Suppe
„Einfache Art“

Zutaten:

100 g Krabben- oder Garnelenfleisch, hacken
1 Ei, aufschlagen, nur das Eiweiß verwenden
1 Esslöffel Mehl
1 Knoblauchzehe, mit etwas Salz zerdrücken
1 Knoblauchzehe, fein hacken
1 Esslöffel Sojasoße
1 Hähnchenkeule, waschen und abtropfen lassen
Salz
Pfeffer
Öl

So wird es gemacht:

☺ 3 Tassen Wasser, Hähnchenkeule, Salz und Pfeffer in einem Topf zum Kochen bringen, bis das Fleisch gar ist ➡ Hähnchenkeule aus der Brühe nehmen und abkühlen lassen ➡ Brühe durch ein Sieb geben und in einem Topf auffangen.
☺ Fleisch vom Knochen lösen und zerkleinern ➡ zu der Brühe geben und zum Kochen bringen.
☺ Gehacktes Krabben- oder Garnelenfleisch, Eiweiß, Mehl, Sojasoße, Salz und Pfeffer in eine Schale geben und zu einem Teig verkneten ➡ Fleischteig zu kleinen Bällchen formen ➡ in die Suppe geben und bei schwacher Hitze köcheln lassen, bis die Bällchen gar sind ➡ etwas Öl in einer Pfanne erhitzen ➡ gehackten Knoblauch dazugeben und dünsten, bis er Farbe annimmt ➡ in die Suppe geben ➡ umrühren ➡ in eine Suppenschüssel geben und servieren.

❀❀❀❀❀❀❀❀❀❀

Krabbenbällchensuppe mit Gemüse

Zutaten:

100 g Krabben- oder Garnelenfleisch, fein hacken
1 Ei, aufschlagen, nur das Eiweiß verwenden
1 Hähnchenkeule:

❍ ca. 1 Liter Wasser, etwas Salz und die Hähnchenkeule in einen Topf geben und gar kochen ➟ Keule aus der Brühe nehmen und abkühlen lassen ➟ Fleisch vom Knochen lösen, zerkleinern und beiseite stellen ➟ Brühe durch ein Sieb geben und in einem Topf auffangen ➟ Hähnchenfleisch in die Brühe geben

1 Esslöffel Mehl
3 bis 4 Blätter Weißkohl, hacken, waschen und abtropfen lassen
1 kleine Dose Bambussprossen, fein hacken
1 Zwiebel, hacken
2 Schalotten oder 3 bis 4 Lauchzwiebeln, hacken
Salz
Pfeffer

So wird es gemacht:

☺ Gehacktes Krabben- oder Garnelenfleisch, Eiweiß, Mehl, Salz und Pfeffer in eine Schale geben und zu einem Teig verkneten ➟ Fleischteig zu kleinen Bällchen formen ➟ beiseite stellen.

☺ Brühe zum Kochen bringen ➟ gehackte Kohlblätter und Zwiebeln dazugeben und kochen lassen, bis sie fast gar sind ➟ bei schwacher Hitze köcheln lassen ➟ Krabbenbällchen in die Brühe geben und bei schwacher Hitze 5 bis 6 Minuten köcheln lassen ➟ Bambussprossen dazugeben und ca. 5 Minuten köcheln lassen ➟ abschmecken ➟ in eine Suppenschüssel geben, mit Schalotten oder Lauchzwiebeln garnieren und heiß servieren.

❀❀❀❀❀❀❀❀❀❀❀

Beilagen

Kokosnuss Sambal

(Sambal = Art Soße)

Zutaten:

1½ Tassen frisch geriebenes Kokosnussfruchtfleisch (nur das weiße Fruchtfleisch verwenden)
2 bis 3 lange milde Peperonis, Stielansätze entfernen, der Länge nach halbieren, Samen entfernen und zerkleinern
4 bis 5 Schalotten, hacken
1 Esslöffel Tamarindesaft
Salz
Zucker

So wird es gemacht:

☺ Peperonis und Schalotten in einen Mörser geben und zerdrücken ➡ Kokosnuss nach und nach dazugeben und zerdrücken ➡ in eine Schale geben ➡ Tamarindesaft darüber geben und gut vermengen ➡ mit Zucker und Salz abschmecken ➡ zu Reisgerichten servieren.

❁❁❁❁❁❁❁❁❁❁❁❁

Tomaten Sambal

Zutaten:

3 bis 4 große Tomaten, in kleine Würfel schneiden
1 Zwiebel, hacken
1 bis 2 lange milde Peperonis, Stielansätze entfernen, der Länge nach halbieren, Samen entfernen und fein hacken oder zerdrücken
ca. 2 cm Krabbenpaste (Belancan)
Salz
2 Teelöffel Zucker
Öl

So wird es gemacht:

☺ Etwas Öl in einer Pfanne erhitzen ➟ Zwiebeln dazugeben und knusprig braten ➟ aus der Pfanne nehmen und beiseite stellen.

☺ Krabbenpaste, Peperonis, Salz und Zucker in die Pfanne geben und dünsten, bis die Masse weich ist ➟ Tomaten dazugeben und 1 bis 2 Minuten dünsten ➟ gedünstete Zwiebeln untermengen und einige Minuten dünsten ➟ Tomatenmischung in eine Schale geben, abkühlen lassen und servieren.

❁❁❁❁❁❁❁❁❁❁

Belancan Sambal

Zutaten:

3 bis 4 lange milde rote Chilischoten, Stielansätze entfernen, der Länge nach halbieren, Samen entfernen und zerkleinern
ca. 2 cm Krabbenpaste (Belancan)
2 bis 3 Lauchzwiebeln, nur das Weiße zerkleinern
Salz
Zucker

So wird es gemacht:

☺ Chili, Lauchzwiebeln, etwas Salz und Zucker in einen Mörser geben und zerdrücken ➟ Krabbenpaste in einer Pfanne bei schwacher Hitze dünsten ➟ zu der Chilipaste geben und zerdrücken ➟ mit Zucker und Salz abschmecken ➟ zu Gemüse servieren.

❁❁❁❁❁❁❁❁❁❁

Okra Sambal

Zutaten:

250 g kleine Okraschoten, Stielansätze kegelförmig abschneiden, waschen und abtropfen lassen
2 Knoblauchzehen, halbieren
4 bis 5 Schalotten, in Streifen schneiden
1 bis 1½ cm Krabbenpaste (Belancan)
3 bis 4 lange milde Peperonis, Stielansätze entfernen, der Länge nach halbieren, Samen entfernen und zerdrücken
Saft einer Limette
1 Prise Salz
Öl

So wird es gemacht:

☺ Okraschoten in einen Topf geben und mit Wasser bedecken ➟ salzen und gar kochen ➟ in ein Sieb geben und abtropfen lassen.
☺ Peperoni und Krabbenpaste mit etwas Salz in einen Mörser geben und zerdrücken ➟ Schalotten und Knoblauch dazugeben und gut vermengen.
☺ Etwas Öl in einer Pfanne oder einem Topf erhitzen ➟ Gewürzpaste dazugeben und kurz dünsten ➟ Okraschoten dazugeben und dünsten, bis die Mischung weich und trocken ist ➟ heiß servieren.

❁❁❁❁❁❁❁❁❁❁

Chili Sambal

Zutaten:

7 bis 8 lange milde rote und grüne Peperonis und 1 scharfe Chilischote, Stielansätze entfernen, der Länge nach halbieren, Samen entfernen und hacken
2 Knoblauchzehen, vierteln
1 kleine Zwiebel, hacken
1 Schalotte, hacken
Etwas Krabbenpaste
Saft einer Limette
Salz
Zucker
ca. 1 Esslöffel Öl

So wird es gemacht:

Methode 1

☺ Peperonis, Chili, Zwiebeln, Schalotten, Krabbenpaste und Öl in einen Elektromixer geben und pürieren ➟ Knoblauch mit etwas Salz in einen Mörser geben und zerdrücken ➟ zu dem Püree geben und kurz mit dem Elektromixer vermengen ➟ mit Salz und Zucker abschmecken ➟ in eine Schale geben ➟ mit Limettensaft beträufeln und servieren.

Methode 2

☺ Peperoni, Chili, Zwiebeln, Schalotten, Öl und Krabbenpaste in einen Elektromixer geben und pürieren ➟ Knoblauch mit etwas Salz in einen Mörser geben und zerdrücken ➟ etwas Öl in einer Pfanne erhitzen ➟ Knoblauchpaste dazugeben und kurz dünsten ➟ Chilipüree dazugeben und gut vermengen ➟ bei schwacher Hitze ca. 1 Minute dünsten ➟ mit Salz und Zucker abschmecken ➟ in eine Schale geben ➟ abkühlen lassen, dann Limettensaft darüber geben und servieren.

❁❁❁❁❁❁❁❁❁❁

Mango Acar

(Acar = Eingelegte frische Zutaten)

Zutaten:

1 reife Mangofrucht (eine Mango wiegt ca. 300 g), halbieren, Kern entfernen (am besten mit einem scharfen Messer), die beiden Hälften schälen, in dünne Streifen schneiden oder vierteln und in eine Schale geben
ca. 1 Teelöffel Krabbenpaste (Belancan)
1 Esslöffel Zucker
Einige Pfefferkörner
Salz

So wird es gemacht:

☺ Krabbenpaste in einer Pfanne ohne Öl leicht erhitzen, bis die Krabbenpaste anfängt zu duften ➟ Krabbenpaste, Zucker, Pfefferkörner und etwas Salz in einen Mörser geben und zerdrücken ➟ zur Mango geben und gut vermengen.

❁❁❁❁❁❁❁❁❁❁❁

Mango Acar in Essigsoße

Zutaten:

1 reife Mangofrucht (eine Mango wiegt ca. 300 g), halbieren, Kern entfernen (am besten mit einem scharfen Messer), die beiden Hälften schälen, in dünne Streifen schneiden oder vierteln, mit Salz bestreuen und in eine Schale geben
2 Knoblauchzehen, zerkleinern
ca. 1 cm Ingwerwurzel, zerkleinern
1 getrocknete Peperoni, Stielansatz und Samen entfernen
50 ml Essig
50 g Zucker
Salz

So wird es gemacht:

☺ Knoblauch, Ingwer, Peperoni und etwas Salz in einen Mörser geben und zerdrücken.

☺ Essig und Zucker in einen Topf geben und zum Kochen bringen, dabei umrühren, bis sich der Zucker vollständig aufgelöst hat ➟ Mangostücke dazugeben und bei schwacher Hitze ca. 5 Minuten köcheln lassen ➟ Gewürzpaste dazugeben und gut verrühren ➟ 8 bis 10 Minuten garen ➟ in eine Schale geben ➟ abkühlen lassen und servieren.

❁❁❁❁❁❁❁❁❁❁❁❁

Mango Acar mit Gewürzen

Zutaten:

1 reife Mangofrucht (eine Mango wiegt ca. 300 g), halbieren, Kern entfernen (am besten mit einem scharfen Messer), die beiden Hälften schälen, in Streifen schneiden, dann würfeln, in eine Schale geben, mit etwas Salz bestreuen und einige Stunden ziehen lassen

Folgende Zutaten mit etwas Salz in einen Mörser geben und zerdrücken:

3 Knoblauchzehen
1 kleine Zwiebel
3 bis 4 Schalotten

Folgende Gewürze zerdrücken*:*

1 Teelöffel Kümmelsamen
1 Teelöffel Koriandersamen
1 Teelöffel Fenchelsamen
1/2 Teelöffel Kurkuma
1 Prise Anis
2 Nelken

ca. 1 cm Ingwerwurzel, schälen und fein hacken
1/4 Zimtstange
1½ bis 2 Esslöffel Essig
Salz
Zucker
Öl

So wird es gemacht:

☺ Etwas Öl in einer großen Pfanne erhitzen ➟ Knoblauchpaste dazugeben und kurz dünsten ➟ Zimt, Ingwer und zerdrückte Gewürze dazugeben, gut verrühren und ca. 1 Minute dünsten ➟ Mangos mit Saft, Essig, Zucker und etwas Salz untermengen und bei schwacher Hitze köcheln lassen, bis die Mangostücke weich sind ➟ in eine Schale geben und mindestens 1 Stunde stehen lassen.

❁❁❁❁❁❁❁❁❁❁

Papaya Acar

Zutaten:

ca. 500 g Papaya, halbieren, Samen und Fäden entfernen, schälen, in kleine Würfel schneiden, in ein Sieb geben und abtropfen lassen
ca. 5 Esslöffel Zucker
3 Esslöffel Essig
etwas Wasser
1 Prise Salz

So wird es gemacht:

☺ Essig, ca. 2 Esslöffel Wasser, Zucker und eine Prise Salz in eine große Schale geben und verrühren ➟ Papayawürfel dazugeben und gut vermengen ➟ abschmecken ➟ Schale zudecken und im Kühlschrank über Nacht stehen lassen.

❁❁❁❁❁❁❁❁❁❁

Zwiebel Acar

Zutaten:

1 Zwiebel, halbieren und in feine Streifen schneiden
1 Tomate, in kleine Würfel schneiden
1 Bund Petersilie, Blätter waschen und hacken
Zitronensaft
Paprikapulver
1 Prise Salz

So wird es gemacht:

☺ Alle Zutaten in eine Schale geben und gut vermengen ➟ mit Zitronensaft und Salz abschmecken und servieren.

❁❁❁❁❁❁❁❁❁

Gemüse Acar

Zutaten:

150 g Blumenkohl, zerkleinern, waschen und abtropfen lassen
1 kleine Gurke, schälen, in Streifen schneiden, dann die Streifen in kleine Würfel schneiden, mit Salz bestreuen, in ein Sieb geben und abtropfen lassen
1 Handvoll frische grüne Bohnen, vierteln, waschen und abtropfen lassen
4 bis 5 mittelgroße weiße Kohlblätter, hacken, waschen und abtropfen lassen
2 bis 3 Karotten, schaben, vierteln und in feine Streifen schneiden
1 bis 2 lange milde Peperonis, Stielansätze entfernen, der Länge nach halbieren, Samen entfernen und vierteln
3 bis 4 getrocknete kleine Chilischoten, Stielansätze entfernen und ca. 10 Minuten in warmem Wasser einweichen
ca. 2 cm Kurkumawurzel. Ersatzweise 1 Teelöffel Kurkumapulver
4 bis 5 Schalotten, hacken
1 kleine Zwiebel, hacken
2 bis 3 Knoblauchzehen, vierteln

ca. 2 cm Krabbenpaste (Belancan)
50 g geröstete Erdnüsse, in einen Mörser geben und zerdrücken
Essig
3 Esslöffel Zucker
Salz
Öl

So wird es gemacht:

☺ ca. 2 Tassen Wasser in einen Topf geben ➟ 2 Esslöffel Essig und 1 Teelöffel Salz dazugeben und zum Kochen bringen, dann die Gemüsesorten (Blumenkohl, Weißkohl, Bohnen, Gurke und Karotten) einzeln in das kochende Wasser geben und 1 bis 2 Minuten blanchieren ➟ aus dem Wasser nehmen, abtropfen lassen und beiseite stellen, bis das Gemüse sich abkühlt ➟ Brühe aufbewahren ➟ Gemüse in eine Schale geben ➟ Essig, Zucker und 1 bis 1½ Teelöffel Salz darüber geben, gut vermengen und ca. 1 Stunde ziehen lassen.

☺ Gemüsebrühe zum Kochen bringen.

☺ Knoblauch, Chili, Peperoni, Schalotten, Zwiebel, Kurkuma, Krabbenpaste und etwas Salz in einen Mörser geben und zerdrücken ➟ etwas Öl in einer Pfanne erhitzen ➟ Gewürzpaste dazugeben und ca. 1 Minute dünsten, dabei umrühren ➟ zu der Brühe geben und gut verrühren, dann das Gemüse dazugeben und bei schwacher Hitze köcheln lassen, bis das Gemüse gar ist ➟ mit Zucker und Salz abschmecken ➟ Topfinhalt in eine Schale geben ➟ abkühlen lassen und servieren.

❁❁❁❁❁❁❁❁❁❁

Reisgerichte

In östlichen Ländern wird Reis als Beilage zu Fleisch, Gemüse und Fisch in verschiedenen Varianten serviert.

Grundrezept 1

Zutaten:

1 Tasse Langkornreis
1 Teelöffel Salz
2 Tassen Wasser

So wird es gemacht:

☺ Reis mit kaltem Wasser waschen und in einen Topf geben ➟ 2 Tassen kaltes Wasser darüber gießen ➟ Salz dazugeben und umrühren ➟ Topf zudecken und kurz zum Kochen bringen, dann bei schwacher Hitze ca. 20 Minuten köcheln lassen, bis der Reis gar und trocken ist.

❂❂❂❂❂❂❂❂❂❂

Grundrezept 2

Zutaten:

1 Tasse Langkornreis
1 Teelöffel Salz
2 Tassen Wasser
2 Esslöffel Öl oder Butter

So wird es gemacht:

☺ Reis mit kaltem Wasser waschen, in ein Sieb geben und abtropfen lassen ➟ Öl oder Butter in einem Topf erhitzen ➟ Reis dazugeben und unter Rühren 3 bis 4 Minuten anrösten ➟ 2 Tassen Wasser und Salz dazugeben und erneut umrühren ➟ Topf zudecken und kurz zum Kochen bringen, dann bei schwacher Hitze ca. 20 Minuten köcheln lassen, bis der Reis gar und trocken ist.

✪✪✪✪✪✪✪✪✪✪✪

Nasi Lemak-Kokosnussreis

Zutaten:

1 Tasse Langkornreis, waschen und abtropfen lassen
1/2 Kokosnuss und 1 Tasse Wasser, daraus Kokosnussmilch herstellen (siehe Seite 7)
1 bis 2 Esslöffel Butterfett (Ghee)
Salz

So wird es gemacht:

☺ Reis, Kokosnussmilch, etwas Salz und soviel Wasser darüber geben, bis die Flüssigkeit ca. 2 Fingerbreit über dem Reis steht ➟ Topfdeckel in ein Tuch hüllen und Topf zudecken ➟ Reis kurz zum Kochen bringen, dann bei schwacher Hitze 20 bis 30 Minuten köcheln lassen, bis der Reis gar und trocken ist ➟ heiß mit Currygerichten servieren.

✪✪✪✪✪✪✪✪✪✪✪

Kokosnussreis mit Schalotten

Zutaten:

1 Tasse Langkornreis, waschen und abtropfen lassen
1/2 Kokosnuss, daraus ca. 2 Tassen Kokosnussmilch herstellen (siehe Seite 7)
2 bis 3 Schalotten, halbieren und in dünne Streifen schneiden
ca. 1/2 cm Ingwerwurzel, hacken (ersatzweise ¼ Teelöffel Ingwerpulver)
1 Prise Salz

So wird es gemacht:

☺ Alle Zutaten in einen Topf geben und zum Kochen bringen. Zwischendurch umrühren, Topf zudecken und bei schwacher Hitze köcheln lassen, bis der Reis gar und trocken ist.

✪✪✪✪✪✪✪✪✪✪✪

Nasi Minyak-Reis in Butterfett

Zutaten:

1½ bzw 2 Tassen Langkornreis, waschen und abtropfen lassen
3 bzw 4 Tassen kaltes Wasser
5 bis 6 Esslöffel Ghee (indisches Butterfett)
2 Schalotten, hacken
2 Knoblauchzehen, mit etwas Salz in einen Mörser geben und zerdrücken
ca. 2 cm Ingwerwurzel, zerdrücken
2 bis 3 cm Zimtstange
2 bis 3 Nelken
1/2 Teelöffel Kurkuma
2 bis 3 Esslöffel Rosinen (ohne Kerne)
Salz
Pfeffer

So wird es gemacht:

☺ Ghee (Butterfett) in einem großen Topf zerlassen ➟ Schalotten dazugeben und glasig dünsten ➟ Knoblauch- und Ingwerpaste dazugeben und kurz dünsten ➟ Rosinen, Kurkuma und Zimt untermengen und kurz dünsten ➟ Reis, 1 Teelöffel Salz und Pfeffer dazugeben und gut vermengen ➟ kaltes Wasser darüber geben ➟ Topf zudecken (am besten Topfdeckel in ein Tuch hüllen, damit der Dampf aufgefangen wird) und kurz zum Kochen bringen, dann bei schwacher Hitze 25 bis 30 Minuten köcheln lassen, bis die Flüssigkeit verdampft und der Reis gar ist ➟ heiß zu Hauptgerichten servieren.

❂❂❂❂❂❂❂❂❂❂❂

Nasi Kunyit-Gelber Reis

Zutaten:

1½ bzw 2 Tassen Bruchreis (wird auch klebriger Reis genannt), waschen und abtropfen lassen
3 bzw 4 Tassen kaltes Wasser
1 Tasse Kokosnussmilch (siehe Seite 7)
1 Esslöffel Kurkuma
2 cm Kurkumawurzel, hacken
1 Stück Tamarinde
einige Pfefferkörner
Salz

So wird es gemacht:

☺ Reis, Kurkumapulver, etwas Salz und reichlich Wasser in einen Topf geben und gut verrühren ➟ Kurkumawurzel und Tamarinde in einen wasserdurchlässigen Stoffbeutel geben und binden, dann zum Reis geben ➟ Reis 5 bis 6 Stunden stehen lassen ➟ Stoffbeutel aus dem Wasser nehmen ➟ den Reis durch ein Sieb geben und abtropfen lassen.

☺ Reis, Pfefferkörner und Wasser (3 bzw 4 Tassen) in einen Topf geben und zudecken ➟ kurz zum Kochen bringen, dann bei schwacher Hitze 25 bis 30 Minuten köcheln lassen, bis die Flüssigkeit verdampft und der Reis gar ist ➟ Reis in eine große Schale geben ➟ Kokosnussmilch und etwas Salz darüber geben und gut vermengen ➟ in den Topf geben und ca. 10 Minuten köcheln lassen ➟ heiß zu Fleisch- oder Geflügelgerichten servieren.

❂❂❂❂❂❂❂❂❂❂❂

Nasi Goreng-Reispfanne

Zutaten:

1 Tasse Langkornreis, gar kochen (siehe Seite 46) und kalt stellen
1 kleine Zwiebel, fein hacken oder zerdrücken
3 Schalotten, fein hacken oder zerdrücken
1 bis 2 Knoblauchzehen, mit etwas Salz in einen Mörser geben und zerdrücken
1 bis 2 lange milde Peperonis, Stielansätze entfernen, der Länge nach halbieren, Samen entfernen und zerdrücken, oder zur Knoblauchpaste geben und zerdrücken
1 Handvoll frische Erbsen
einige frische grüne Bohnen, zerkleinern
Salz
Öl

So wird es gemacht:

☺ Etwas Öl in einer Pfanne erhitzen ➟ Zwiebeln, Schalotten, Knoblauch und Peperonipaste dazugeben und weich dünsten ➟ Bohnen und Erbsen untermengen ➟ salzen ➟ bei mittlerer Hitze dünsten, bis das Gemüse gar ist ➟ Reis untermengen, abschmecken und heiß servieren.

✪✪✪✪✪✪✪✪✪✪✪

Variante 2

Zutaten:

1 bis 1½ Tassen Langkornreis, gar kochen (siehe Seite 46) und kalt stellen
50 g Krabbenfleisch
50 g gekochtes Hähnchenfleisch, in kleine Würfel schneiden
1 bis 2 Karotten, schaben, zerkleinern, gar kochen, in ein Sieb geben und abkühlen lassen
1 Handvoll gekochte Erbsen
1 Handvoll grüne Bohnen, zerkleinern, gar kochen und abkühlen lassen
2 Eier, aufschlagen, in eine Schale geben, salzen und

pfeffern und verrühren
2 Schalotten, halbieren und in dünne Streifen schneiden
1 bis 2 Knoblauchzehen, mit etwas Salz in einen Mörser geben und zerdrücken
Salz
Pfeffer
Öl oder Butter
1 Bund Lauchzwiebeln, hacken

So wird es gemacht:

☺ Etwas Öl in einer großen Pfanne erhitzen ➡ Eier dazugeben und braten ➡ aus der Pfanne nehmen und zerkleinern.
☺ Schalotten in die Pfanne geben und glasig dünsten. Eventuell Öl oder Butter nachgießen ➡ Knoblauchpaste untermengen und kurz dünsten ➡ Hähnchenfleisch und Krabbenfleisch dazugeben und kurz braten ➡ Reis dazugeben und gut vermengen ➡ die restlichen Zutaten (außer Lauchzwiebeln) untermengen und bei schwacher Hitze köcheln lassen, bis der Pfanneninhalt heiß ist ➡ Reismischung in eine Servierschale geben, mit Lauchzwiebeln garnieren und heiß servieren.

✪✪✪✪✪✪✪✪✪✪✪

Reispfanne mit Sojasoße

Zutaten:

1 bis 1½ Tassen Langkornreis, gar kochen (siehe Seite 46) und abkühlen lassen
1 Esslöffel dunkle (dicke) Sojasoße
1 Teelöffel leichte Sojasoße
3 bis 4 Schalotten, hacken
1 milde Peperoni, Stielansatz entfernen, der Länge nach halbieren, Samen entfernen und hacken
2 Eier, aufschlagen, in eine Schale geben, salzen, pfeffern und verrühren
Salz
Pfeffer
Öl oder Butter

So wird es gemacht:

☺ Chili, Salz, Pfeffer und etwas gehackte Schalotten in einen Mörser geben und zerdrücken.

☺ Etwas Öl oder Butter in einer großen Pfanne erhitzen ➡ Chilipaste dazugeben und kurz dünsten ➡ Eier darüber geben und braten, dann mit einem Holzlöffel zerkleinern ➡ Reis, die restlichen Schalotten und Sojasoße dazugeben und gut vermengen ➡ salzen und pfeffern, dann bei schwacher Hitze köcheln lassen, bis der Reis heiß ist.

Vermerk:

Um dem Gericht einen noch besseren Geschmack zu geben, verwenden Sie Sesamöl anstatt normales Öl

✪✪✪✪✪✪✪✪✪✪✪

Reispfanne mit Krabbenpaste

Zutaten:

1 bis 1½ Tassen Langkornreis, gar kochen (siehe Seite 46) und abkühlen lassen
ca. 2 cm Krabbenpaste (Belancan)
2 Schalotten, hacken
1 bis 2 Knoblauchzehen, vierteln
1 lange milde Peperoni, Stielansatz entfernen, der Länge nach halbieren, Samen entfernen und zerkleinern
1 bis 2 Eier, aufschlagen, in eine Schale geben, salzen und pfeffern und verrühren
1 Esslöffel getrocknetes Krabbenfleisch, 2 Minuten in Wasser einweichen, dann in einen Mörser geben und zerdrücken
1 Teelöffel dunkle (dicke) Sojasoße
1 Teelöffel leichte Sojasoße
Salz
Pfeffer
Etwas Öl
Etwas Sesamöl
Lauchzwiebeln, hacken (zum Garnieren)

So wird es gemacht:

☺ Peperoni- und Krabbenpaste in einen Mörser geben und zerdrücken.
☺ Knoblauch und Schalotten mit etwas Salz in einen Mörser geben und zerdrücken.
☺ 2 bis 3 Esslöffel Sesamöl in einer großen Pfanne erhitzen ➟ Peperoni- und Knoblauchpaste dazugeben und weich dünsten ➟ Sojasoße und Reis dazugeben und gut vermengen ➟ Kochtemperatur reduzieren ➟ Reismischung an die Pfannenwand schieben, damit in der Mitte eine Mulde entsteht, 2 bis 3 Esslöffel Öl in die Mulde geben, dann die Eier hineingießen ➟ Reis mit den Eiern gut vermengen und flach drücken ➟ Pfanne zudecken und köcheln lassen, bis die Eier gestockt sind ➟ abschmecken, mit Lauchzwiebeln garnieren und heiß servieren.

✪✪✪✪✪✪✪✪✪✪✪

Tomatenreis

Zutaten:

1 bis 1½ Tassen Langkornreis, waschen und abtropfen lassen
10 kleine Tomaten, vierteln
2 bis 3 Nelken
1 Staranis
2 cm Zimtstange
2 bis 3 Esslöffel Kondensmilch (ersatzweise Sahne)
Salz
Pfeffer
Butterfett (Ghee) oder Butter

Zum Garnieren:

Gehackte Lauchzwiebeln
2 bis 3 Schalotten, hacken und mit etwas Öl in einer Pfanne knusprig braten

So wird es gemacht:

☺ 1 Tasse Wasser, Tomaten und etwas Salz in einen Topf geben und zum Kochen bringen, kochen lassen, bis die Tomaten sehr weich sind ➟ Tomaten mit einem Holzlöffel im Topf zerdrücken, dann durch ein Sieb geben und Tomatensaft in einer Schale auffangen, das im Sieb befindliche Tomatenfleisch mit dem Löffel pressen, damit die restlichen Säfte austropfen können und mit dem Tomatensaft vermengen.

☺ 2 bis 3 Esslöffel Butterfett (Ghee) oder Butter in einen Topf geben und zerlassen ➟ Staranis, Nelken und Zimt dazugeben und kurz braten ➟ vom Herd nehmen ➟ Tomatensaft, Kondensmilch, Reis, ca. 1 Teelöffel Salz und etwas Pfeffer dazugeben und gut verrühren ➟ kaltes Wasser darüber geben, bis das Wasser ca. 2 Fingerbreit über der Reisoberfläche steht ➟ Topf zudecken und auf die Herdplatte stellen und kurz zum Kochen bringen, dann bei schwacher Hitze köcheln lassen (20 bis 25 Minuten), bis der Reis gar und trocken ist ➟ in eine Servierschale geben ➟ mit Lauchzwiebeln und gebratenen Schalotten garnieren und heiß servieren.

❂❂❂❂❂❂❂❂❂❂❂

Gewürzreis mit Hähnchenfleisch
(Biryani auf malaysische Art)

Zutaten:

1½ Tassen Langkornreis, waschen und abtropfen lassen

1 Hähnchenbrust, Fleisch vom Knochen lösen, Haut abziehen, Fleisch in kleine dünne Streifen schneiden, Salz, Pfeffer und 1/2 Teelöffel Kurkuma darüber geben, gut vermengen und beiseite stellen

1 bis 2 Safranfäden, in 2 Esslöffel warmem Wasser einweichen. Ersatzweise 1/2 Teelöffel Safranpulver oder Kurkuma

2 Knoblauchzehen und ca. 3 cm Ingwerwurzel, mit etwas Salz in einen Mörser geben und zerdrücken

Salz
Butterfett (Ghee) oder Butter

So wird es gemacht:

☺ 2 bis 3 Esslöffel Butterfett (Ghee) oder Butter in einen Topf geben und zerlassen ➟ Knoblauch-Ingwerpaste dazugeben und kurz dünsten ➟ Hähnchenfleisch dazugeben und 3 bis 4 Minuten braten ➟ Reis, 1 Teelöffel Salz und Safranwasser oder Kurkuma dazugeben und gut vermengen ➟ vom Herd nehmen ➟ 3 Tassen kaltes Wasser darüber geben und umrühren ➟ Topf zudecken und auf die Herdplatte stellen ➟ kurz zum Kochen bringen, dann bei schwacher Hitze köcheln lassen, bis der Reis gar und trocken ist ➟ heiß servieren.

❂❂❂❂❂❂❂❂❂❂❂

Variante 2

Zutaten:

1½ Tassen Langkornreis, waschen und abtropfen lassen
ca. 500 g Hähnchenfleisch, in Würfel schneiden, waschen und abtropfen lassen
1½ Tassen Kokosnussmilch (siehe Seite 7)
4 bis 5 Schalotten, in Streifen schneiden

Folgende Zutaten in einen Mörser geben und zerdrücken:

1 bis 2 Knoblauchzehen
3 bis 4 cm Ingwerwurzel
1 lange milde Peperoni, Stielansatz entfernen, der Länge nach halbieren und Samen entfernen
1 Handvoll Cashewnüsse
1 Handvoll Mandeln

1 Teelöffel Kurkuma
3 bis 4 Nelken
3 bis 4 cm Zimtstange
Salz
Butterfett (Ghee) oder Öl

So wird es gemacht:

☺ 5 bis 6 Esslöffel Butterfett in einem Topf zerlassen ➟ Schalotten, Zimt und Nelken dazugeben und dünsten, bis die Schalotten glasig sind ➟ Gewürzpaste dazugeben und kurz dünsten ➟ Fleischstücke, 1 Teelöffel Salz und Kurkuma untermengen und bei mittlerer Hitze ca. 10 Minuten braten. Dabei umrühren.

☺ Reis und Kokosnussmilch in einen Topf geben ➟ Wasser darüber geben, bis das Wasser ca. 2 Fingerbreit über der Reisoberfläche steht ➟ salzen ➟ Topf zudecken und kurz zum Kochen bringen, dann bei schwacher Hitze köcheln lassen (20 bis 25 Minuten), bis der Reis gar und trocken ist ➟ gebratenes Hähnchenfleisch darüber geben und gut vermengen ➟ ca. 5 Minuten bei schwacher Hitze köcheln lassen ➟ in eine Servierschale geben und heiß servieren.

✪✪✪✪✪✪✪✪✪✪

Kräuter Reis

Viele malaysische Kräuter sind in Deutschland nicht erhältlich (z.B. Cashewnußblätter, Kadukblätter...). Deshalb haben wir Kräuter verwendet, die man hier bekommen kann.

Zutaten:

1½ Tassen Langkornreis, waschen und abtropfen lassen, gar kochen (siehe Seite 46) und heiß halten

1 kleinen gesalzenen Fisch (ca. 100 g), über einer Feuerflamme rösten (man kann den Fisch auch in der Pfanne braten), Haut und Gräten entfernen, Fischfleisch zerkleinern

1 Stange Zitronengras, zerkleinern

2 bis 3 Esslöffel geriebene Kokosnuss, in einer Pfanne kurz rösten, dann zerdrücken

4 bis 5 Schalotten, hacken

1/2 Bund Petersilie, Blätter waschen und hacken

Folgende Kräuter fein hacken, je 1 Esslöffel (Man kann auch andere frische Kräuterarten dafür verwenden):

Korianderblätter
Zitronenmelisse
Basilikum
Beifuß
Bohnenkraut
Estragon
Oregano

2 bis 3 Lauchzwiebeln, fein hacken
2 bis 3 Esslöffel getrocknete Krabben, 1 bis 2 Minuten in Wasser einweichen, dann zerdrücken
Salz
Pfeffer

So wird es gemacht:

☺ Den heißen Reis in eine Servierschale geben ➡ alle anderen Zutaten dazugeben und gut vermengen ➡ salzen und pfeffern ➡ zu Hauptgerichten servieren.

✪✪✪✪✪✪✪✪✪✪✪

Reis in Bananenblättern

Zutaten:

1 Tasse Reis, waschen, abtropfen lassen und salzen
Bananenblätter oder Alufolie

So wird es gemacht:

☺ Falls man Bananenblätter verwenden möchte, vorher die Blätter waschen, dann über Wasserdampf einweichen, damit man sie besser bearbeiten kann.

☺ Reis auf mehrere Bananenblätter verteilen ➡ Blätter zu einer länglichen runden Form wickeln (Abb. 1) ➡ die Seiten Richtung Mitte einschlagen, dabei darauf achten, dass das Innere

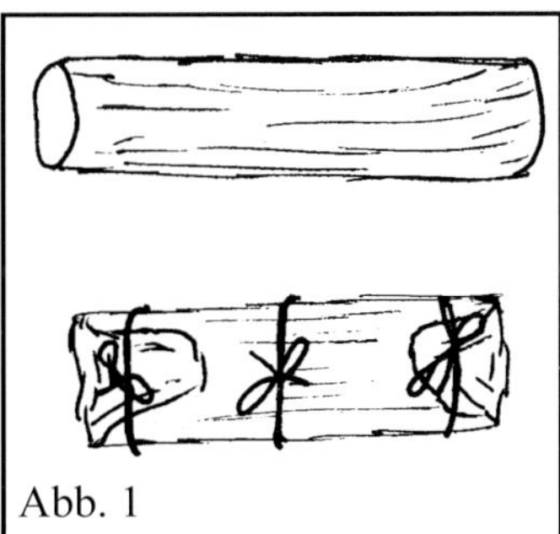
Abb. 1

das Zylinders zu 3/4 mit Reis gefüllt sein muss (dadurch wird verhindert, dass das Blatt beim Kochen aufplatzt) ➠ reichlich Salzwasser in einem Topf zum Kochen bringen ➠ gefüllte Bananenblätter dazugeben und über 2 Stunden kochen lassen ➠ Bananenblätter aufmachen ➠ die Reiszylinder in Scheiben schneiden und zu Suppen oder Hauptgerichten servieren.

Vermerk:
Falls man Alufolie verwenden möchte, muss man darauf achten, dass die Folie nur 3/4 voll ist.

❂❂❂❂❂❂❂❂❂❂

Reisbrei mit Hähnchenfleisch

Zutaten:

1/2 Tasse Reis, waschen und abtropfen lassen
1 Hähnchenbrust, Knochen entfernen (Knochen aufbewahren), Fleisch in kleine Würfel schneiden, waschen und abtropfen lassen
1 Esslöffel gehackter Koriander
2 bis 3 cm Ingwerwurzel, fein hacken
Salz
Pfeffer

So wird es gemacht:

☺ Knochen und ca. 3 Tassen Wasser in einen Topf geben ➠ salzen, pfeffern und 10 bis 15 Minuten kochen lassen ➠ Brühe durch ein Sieb geben und auffangen ➠ abkühlen lassen.

☺ Reis und Hähnchenfleisch zu der Brühe geben und zum Kochen bringen ➠ brodeln lassen, bis der Reis gar ist und die Flüssigkeit dicker wird. Falls viel Flüssigkeit verdampft ist, etwas Wasser dazugeben ➠ Reisbrei abschmecken ➠ in Servierschalen geben ➠ mit Koriander, Pfeffer und Ingwerwurzel garnieren und heiß servieren.

❂❂❂❂❂❂❂❂❂❂

Reisbrei mit Lauch

Zutaten:

1/2 Tasse Reis, waschen und abtropfen lassen
1 Stange Lauch, nur den weißen Teil hacken, waschen und blanchieren. Den grünen Teil hacken, waschen und abtropfen lassen
1 große Zwiebel, hacken
Salz
Pfeffer
Öl
1 Zwiebel oder Schalotte, in Streifen schneiden

So wird es gemacht:

☺ Gehackte Zwiebel und etwas Wasser in einen Topf geben und brodeln lassen, bis die Zwiebeln sehr weich sind ➟ Topf vom Herd nehmen und die Zwiebeln mit einem Holzlöffel pürieren ➟ Reis, gehackten Lauch (nur das Weiße), Salz und ca. 3 Tassen Wasser dazugeben und brodeln lassen, bis der Reis gar und die Flüssigkeit dick ist ➟ Reisbrei in Servierschalen geben.

☺ Etwas Öl in einer Pfanne erhitzen ➟ Zwiebeln oder Schalottenstreifen dazugeben und knusprig braten ➟ aus der Pfanne nehmen und über den Reisbrei verteilen, dann das Grüne vom Lauch kurz braten und daraufgeben ➟ Pfeffer darüber streuen und heiß servieren.

✪✪✪✪✪✪✪✪✪✪✪

Fleisch- und Gemüsegerichte

Bittergurken Gulai

Gulai ist das nordmalaysische Currygericht (Nyonya Küche)

Zutaten:

250 g mageres Fleisch, in kleine Würfel schneiden
100 g Krabben- oder Garnelenfleisch, hacken
1 Bittergurke, schälen und in Scheiben oder Würfel schneiden

4 bis 5 Schalotten, hacken, in einen Mörser geben und zerdrücken, oder mit etwas Wasser in einen Topf geben und kochen lassen, bis die Schalotten weich sind, dann mit einem Löffel zerdrücken
2 bis 3 Knoblauchzehen, mit etwas Salz in einen Mörser geben und zerdrücken
2 bis 3 milde Peperonis, Stielansätze entfernen, der Länge nach halbieren, Samen entfernen und zerdrücken
1 Tasse dicke Kokosnussmilch und 2½ Tassen leichte Kokosnussmilch (siehe Seite 7)
1 Esslöffel gehackter Koriander
1 Teelöffel Koriandersamen und 1 Teelöffel Kümmelsamen in einen Mörser geben und zerdrücken
1 Teelöffel Kurkuma
1 bis 2 Esslöffel Sojasoße
Salz
Pfeffer
Öl

So wird es gemacht:

☺ Fleisch, Krabben- oder Garnelenfleisch und Bittergurken in eine Schale geben ➠ Salz, Pfeffer und Sojasoße darüber geben, gut vermengen und ca. 1 Stunde ziehen lassen.

☺ Etwas Öl in einen Topf geben und erhitzen ➠ Knoblauchpaste und Schalotten dazugeben und weich dünsten ➠ zerdrückten Koriander und Kümmel dazugeben und kurz dünsten ➠ gehackten Koriander, Kurkuma, Salz und Pfeffer darüber geben, kurz umrühren ➠ 1 Tasse dicke Kokosnussmilch darübergeben, umrühren und einige Minuten brodeln lassen ➠ die restliche Kokosnussmilch darüber geben und kochen lassen, bis die Soße dicker wird ➠ eingelegte Zutaten dazugeben, umrühren und bei schwacher Hitze köcheln lassen (ca. 30 Minuten), bis die Zutaten gar sind ➠ heiß mit Reis servieren.

****

Variante 2 - Einfache Art

Zutaten:

250 g mageres Fleisch, in kleine Würfel oder Streifen schneiden, waschen und abtropfen lassen
1 Bittergurke, schälen, in Scheiben schneiden, waschen und abtropfen lassen
2 Knoblauchzehen, mit etwas Salz zerdrücken
Salz
Pfeffer
Öl
Gehackte Peperoni, zum Garnieren

So wird es gemacht:

☺ Etwas Öl in eine große Pfanne oder einen Topf geben und erhitzen ➠ Knoblauchpaste dazugeben und kurz dünsten ➠ Fleischstücke dazugeben und braten, bis die Flüssigkeit verdampft ist und die Fleischstücke gar sind ➠ Gemüse untermengen und kurz braten ➠ etwas Wasser darüber geben und köcheln lassen, bis das Gemüse gar ist ➟ in eine Schale geben, mit Peperoni garnieren und heiß mit Reis servieren.

****

Fleischgulai mit Kartoffeln

Zutaten:

500 g mageres Fleisch, in kleine Würfel schneiden, waschen und abtropfen lassen
200 bis 250 g Kartoffeln, schälen, vierteln, waschen und abtropfen lassen
ca. 3½ Tassen Kokosnussmilch (siehe Seite 7)
1 Stange Zitronengras
2 bis 3 cm Zimtstange
2 Nelken
1 Staranis
Salz
Öl
2 bis 3 Knoblauchzehen und 4 bis 5 Schalotten, vierteln, in einen Mörser mit etwas Salz geben und zerdrücken

Folgende Zutaten in einem Mörser zerdrücken oder in einen Elektromixer geben und pürieren:

2 bis 3 Esslöffel gehackter Koriander
2 bis 3 cm Kurkumawurzel, oder Ingwerwurzel
2 bis 3 milde Peperonis, Stielansätze entfernen
3 bis 4 getrocknete Peperonis, Stielansätze entfernen und ca. 10 Minuten in Wasser einweichen

So wird es gemacht:

☺ Etwas Öl in einem Topf erhitzen ➟ Knoblauchpaste dazugeben und kurz dünsten ➟ Peperonipaste, Staranis, Zimt und Nelken dazugeben ➟ Kochtemperatur reduzieren und dünsten, bis die Paste weich ist ➟ ca. 1 Tasse Kokosnussmilch darüber geben und gut verrühren ➟ Fleisch, Zitronengras und eine Prise Salz dazugeben und kochen lassen. Dabei umrühren ➟ die restliche Kokosnussmilch darüber gießen ➟ abschmecken ➟ Fleischstücke dazugeben, Topf zudecken und bei schwacher Hitze köcheln lassen, bis die Fleischstücke fast gar sind ➠ Kartoffeln dazugeben ➠ Topf zudecken und köcheln lassen, bis die Fleischstücke und die Kartoffeln gar sind. Falls viel Flüssigkeit verdampft ist, Kokosnussmilch dazugeben ➠ in eine Servierschale geben und heiß mit Reis servieren.

****

Kurmah Daging

Fleisch in Kokosnussmilch

Zutaten:

500 g mageres Fleisch, in Würfel schneiden, waschen, abtropfen lassen und in eine Schale geben
5 Tassen Kokosnussmilch (siehe Seite 7)
Saft einer Limette
1 bis 2 Kardamomkapseln, nur einschneiden
2 cm Zimtstange
2 bis 3 Zwiebeln, vierteln
Salz
Öl oder Butterfett (Ghee)

Folgende Zutaten in einen Mörser geben und zerdrücken, oder in einem Elektromixer pürieren:

2 bis 3 Knoblauchzehen
5 bis 6 Schalotten
2 Teelöffel Koriandersamen
1/2 Teelöffel Kümmelsamen
2 bis 3 Nelken
2 cm Ingwerwurzel
Einige Pfefferkörner
1 Teelöffel Kurkumapulver
1 Prise Chilipulver

So wird es gemacht:

☺ Gewürzpaste über das Fleisch geben und gut vermengen ➠ Schale zudecken und ca. 1 Stunde ziehen lassen.

☺ Etwas Öl oder Butterfett (Ghee) in einen Topf geben und erhitzen ➠ Fleischstücke mit Marinade dazugeben und braten, bis sie Farbe annehmen ➠ ca. 1 Tasse Kokosnussmilch und eine Prise Salz darüber geben und kochen lassen, bis die Fleischstücke fast gar sind. Dabei umrühren ➟ Zwiebeln, Kardamom, Zimt und die restliche Kokosnussmilch dazugeben ➟ umrühren und köcheln lassen, bis die Fleischstücke gar sind ➟ Limettensaft darüber geben ➟ abschmecken ➟ in eine Servierschale geben und heiß mit Reis servieren.

****

Fleisch in Tomatensoße

Zutaten:

500 g mageres Fleisch, in Würfel schneiden, waschen und abtropfen lassen
6 bis 7 Tomaten, vierteln
1 Esslöffel Tomatenmark, in einer Tasse Wasser auflösen
4 bis 5 Zwiebeln, in Streifen schneiden
Salz
1 Prise Zucker
Öl

Folgende Zutaten in einen Elektromixer geben und pürieren:

5 bis 6 Schalotten, vierteln
ca. 2 cm Ingwerwurzel, zerkleinern
1 Peperoni, Stielansatz entfernen, der Länge nach halbieren, Samen entfernen und zerkleinern
Einige Pfefferkörner
1 Teelöffel Kurkuma

So wird es gemacht:

☺ Fleischstücke in eine Schale geben ➟ Gewürzpüree, Salz und Tomaten dazugeben ➟ gut vermengen ➟ Schale zudecken und ca. 30 Minuten ziehen lassen.

☺ Etwas Öl in einem Topf erhitzen ➟ Fleischstücke mit Marinade dazugeben und braten ➟ Zwiebeln untermengen ➟ das aufgelöste Tomatenmark darüber gießen ➟ mit Wasser fast bedecken und gar kochen. Falls viel Flüssigkeit verdampft ist, etwas Wasser darüber geben ➟ mit Salz und Zucker abschmecken und heiß servieren.

Fleisch in Sojasoße

Zutaten:

500 g mageres Fleisch, in Würfel schneiden, waschen und abtropfen lassen
6 bis 7 Schalotten, fein hacken
2 bis 3 lange milde Peperonis, Stielansätze entfernen, der Länge nach halbieren, Samen entfernen und zerdrücken
1 Kokosnuss, daraus 3 bis 4 Tassen Kokosnussmilch herstellen (siehe Seite 7)
4 bis 5 Esslöffel Sojasoße
1 Prise Salz
Öl

So wird es gemacht:

☺ Fleischstücke in einen Topf geben und mit Kokosnussmilch bedecken ➡ Topf zudecken und kurz zum Kochen bringen, dann bei schwacher Hitze köcheln lassen, bis die Fleischstücke fast gar sind.
☺ Etwas Öl in einer Pfanne erhitzen ➡ Schalotten und eine Prise Salz dazugeben und glasig dünsten ➡ Peperonipaste untermengen und kurz dünsten ➡ Pfanne vom Herd nehmen ➡ Sojasoße dazugeben und gut verrühren ➡ Pfanneninhalt zum Fleisch geben und köcheln lassen, bis die Fleischstücke gar sind und die Soße dick ist ➡ heiß mit Reis servieren.

****

Variante 2

Zutaten:

250 g Fleisch, in Würfel schneiden, waschen und abtropfen lassen
1 Stück Bohnenquark (Tofu), vierteln
2 Knoblauchzehen, mit etwas Salz zerdrücken
2 Esslöffel dunkle Sojasoße
1 Prise Zucker
Salz und Pfeffer
Öl

So wird es gemacht:

☺ Öl in einem Topf erhitzen ➟ Knoblauchpaste dazugeben und kurz dünsten ➟ Fleischstücke dazugeben ➟ salzen und pfeffern ➟ braten, bis die Flüssigkeit verdampft ist ➟ 1 Tasse Wasser, Sojasoße, eine Prise Zucker, Salz und Pfeffer dazugeben und umrühren, bis sich die Sojasoße mit dem Wasser vermengt hat ➟ Tofu dazugeben und köcheln lassen, bis die Fleischstücke gar sind. Falls die Flüssigkeit fast verdampft ist, etwas Wasser dazugeben ➟ heiß mit Reis servieren.

****

Variante 3

Zutaten:

500 g mageres Fleisch, in dünne Streifen schneiden, waschen und abtropfen lassen
1 bis 2 Zwiebeln, hacken
1 bis 2 Knoblauchzehen, mit etwas Salz zerdrücken
2 cm Ingwerwurzel, fein hacken
1 Teelöffel Kurkumapulver
2 Nelken
1 Esslöffel Tomatenmark, in einer Tasse Wasser auflösen
2 Esslöffel dunkle Sojasoße
Salz
Pfeffer
1 Teelöffel brauner Zucker
Öl

So wird es gemacht:

☺ Sojasoße, etwas Öl und Zucker in eine große Schale geben und umrühren, bis sich der Zucker vollständig aufgelöst hat ➟ Fleisch dazugeben, gut vermengen und ca. 1 Stunde ziehen lassen.

☺ Etwas Öl in einem Topf oder einer großen Pfanne erhitzen ➟ Zwiebeln dazugeben und glasig dünsten ➟ Knoblauchpaste und Ingwer untermengen und kurz dünsten

➠ Fleischstücke mit Marinade dazugeben und braten, bis die Fleischstücke fast gar sind und eine dunkle Farbe annehmen ➠ aufgelöstes Tomatenmark und Kurkuma dazugeben und gut vermengen ➠ abschmecken und bei schwacher Hitze köcheln lassen, bis die Fleischstücke gar sind. Falls die Flüssigkeit verdampft ist, etwas Wasser dazugeben ➠ heiß mit Reis servieren.

****

Fleisch mit Kokosnussraspel

Serunding Daging

Zutaten:

1 große Kokosnuss, nur die weiße Fleischfrucht raspeln
500 g mageres Fleisch, in dünne Streifen schneiden, waschen und abtropfen lassen
2 Esslöffel Zucker. Am besten braunen Zucker verwenden
Limetten- oder Zitronensaft
Salz
Pfeffer
Öl

Folgende Zutaten zusammen zerdrücken:

1 Teelöffel Koriandersamen
1/4 Teelöffel Anissamen
1/4 Teelöffel Kümmelsamen
1 Zwiebel
2 bis 3 Schalotten
1 Knoblauchzehe
2 cm Ingwerwurzel
1 Teelöffel Kurkuma
3 bis 4 getrocknete lange Peperonis, Stielansätze entfernen und einige Minuten in Wasser einweichen

So wird es gemacht:

☺ Fleischstücke in einen Topf geben ➠ mit Wasser bedecken ➠ salzen und pfeffern und gar kochen ➠ durch ein Sieb geben und abtropfen lassen.

☺ Etwas Öl in einem Topf erhitzen ➠ Gewürzpaste dazugeben und weich dünsten ➠ Kokosnussraspel und

Zucker dazugeben und gut vermengen ➟ Fleischstücke dazugeben ➟ salzen und pfeffern ➟ Limetten- oder Zitronensaft darüber geben und braten, bis die Kokosnuss-.raspeln trocken sind und eine goldbraune Farbe annehmen ➟ heiß mit Reis servieren.

****

Fleisch mit weißen Radieschen

Daging Jobak

Zutaten:

250 g weiße runde Radieschen, Stielansätze entfernen, in kleine Würfel schneiden, waschen und abtropfen lassen
150 g Fleisch, in kleine Würfel schneiden, waschen und abtropfen lassen
3 bis 4 Knoblauchzehen, mit etwas Salz zerdrücken
2 bis 3 lange milde Peperonis, Stielansätze entfernen, der Länge nach halbieren, Samen entfernen, in einen Mörser geben und zerdrücken (man kann auch die Peperonis mit den Knoblauchzehen zerdrücken)
1 Esslöffel (oder mehr) leichte Sojasoße
Salz
Pfeffer
1 Prise Zucker
Öl

So wird es gemacht:

☺ Fleischstücke in eine Schale geben ➟ Sojasoße, Salz und Pfeffer darüber geben und gut vermengen ➟ Schale zudecken und ca. 30 Minuten ziehen lassen.

☺ Etwas Öl in einem Topf erhitzen ➟ Knoblauch- und Peperonipaste dazugeben und kurz dünsten ➟ Fleisch mit Marinade dazugeben und braten, bis die Fleischstücke Farbe annehmen ➟ mit Wasser bedecken und zum Kochen bringen, dann bei schwacher Hitze köcheln lassen, bis die Fleischstücke fast gar sind ➟ mit Zucker und Salz abschmecken ➟ Radieschen untermengen ➟ köcheln lassen, bis alles im Topf gar ist ➟ abschmecken und heiß mit

Reis servieren.

****

Lammcurry

Zutaten:

500 g Lammfleisch, in kleine Würfel schneiden, waschen und abtropfen lassen
2 Tassen Kokosnussmilch (siehe Seite 7)
❍ Man kann auch anstelle von Kokosnussmilch, Wasser verwenden.
1 Zwiebel, in Streifen oder Ringe schneiden
4 Knoblauchzehen, mit etwas Salz in einen Mörser geben und zerdrücken
2 bis 3 cm Ingwerwurzel, zerdrücken
Salz
Butterfett (Ghee) oder Öl

Folgende Gewürze in eine Schale geben und mit etwas Wasser zu einer Paste verrühren:

2 Esslöffel Currypulver
1 Teelöffel Kurkuma
1 Teelöffel 7Gewürze

So wird es gemacht:

☺ 2 Esslöffel Butterfett (Ghee) in einem Topf erhitzen ➠ Zwiebeln dazugeben und dünsten, bis sie Farbe annehmen ➠ Knoblauch- und Ingwerpaste dazugeben und kurz dünsten, bis sie anfangen zu duften ➠ Gewürzpaste dazugeben und gut vermengen. Eventuell Butterfett (Ghee) dazugeben ➠ Fleischstücke dazugeben und bei mittlerer Hitze einige Minuten braten ➠ Kokosnussmilch (oder Wasser) darübergießen ➠ mit Salz abschmecken ➠ Topf zudecken und bei schwacher Hitze köcheln lassen, bis die Fleischstücke gar sind ➠ heiß mit Reis servieren.

****

Fleischpastete

Zutaten:

ca. 500 g Hackfleisch
1 Zwiebel, fein hacken
1 Schalotte, fein hacken
3 bis 4 Lauchzwiebeln, fein hacken
2 kleine Kartoffeln, schälen, vierteln, waschen, gar kochen und pürieren
1 Teelöffel 5Gewürze
1/2 Teelöffel Ingwerpulver
1 Esslöffel gehackter Koriander. Ersatzweise 1/2 Teelöffel Korianderpulver
2 bis 3 Esslöffel Mehl
2 bis 3 Eier, aufschlagen, in eine Schale geben, salzen und pfeffern und verrühren
Salz
Pfeffer
Öl

So wird es gemacht:

☺ Alle Zutaten (außer Eier und Öl) in eine Schale geben und gut verkneten ➡ 1 bis 2mal durch den Fleischwolf drehen ➡ Eier dazugeben und gut vermengen ➡ Fleischteig zu kleinen Kugeln formen, dann flach drücken ➡ Öl in einer Pfanne erhitzen ➡ Fleischfladen dazugeben und von beiden Seiten goldbraun braten ➡ heiß mit Brot oder Reis und Soße servieren.

Vermerk:

Man kann auch das Eigelb mit dem Fleischteig verkneten, dann die geformten Fleischfladen in das geschlagene Eiweiß tauchen und braten.

****

Fleischbällchen

Zutaten:

500 g Hackfleisch
2 bis 3 Kartoffeln, schälen, waschen, gar kochen und pürieren
1 lange milde Peperoni, Stielansatz entfernen, der Länge nach halbieren, Samen entfernen und fein hacken
2 Zwiebeln, fein hacken oder zerdrücken
3 bis 4 Schalotten, fein hacken
1 bis 2 Lauchzwiebeln, fein hacken
2 bis 3 Knoblauchzehen, fein hacken
1½ bis 2 cm Ingwerwurzel, fein hacken
1 bis 2 Esslöffel Mehl
2 Eigelb, verrühren
1 bis 2 Teelöffel Sojasoße
Salz
Pfeffer
Öl

So wird es gemacht:

☺ Hackfleisch, Kartoffeln, Lauchzwiebeln, Eigelb, Salz, Pfeffer, Mehl und Sojasoße in eine Schale geben und gut verkneten.
☺ Etwas Öl in einer Pfanne erhitzen ➠ Zwiebeln und Schalotten dazugeben und glasig dünsten ➠ Knoblauch, Peperoni und Ingwerwurzel untermengen ➠ salzen und pfeffern ➠ dünsten, bis die Peperoni weich sind ➠ Pfanne vom Herd nehmen und abkühlen lassen ➠ Pfanneninhalt zum Fleischteig geben und gut verkneten, dann zu kleinen Kugeln formen.
☺ Öl in einer Pfanne erhitzen und die Fleischbällchen darin goldbraun braten ➠ heiß mit Brot oder Reis und Soßen servieren.

****

Fleisch in Tamarindesoße

Zutaten:

500 g mageres Fleisch, in kleine Würfel schneiden, waschen und abtropfen lassen
3 bis 4 Stücke Tamarinde, einige Minuten in 2 Tassen Wasser einweichen, dann die Tamarinde mit den Fingern zerdrücken und ca. 10 Minuten stehen lassen, Flüssigkeit durch ein Sieb geben und auffangen. Die im Sieb befindliche Tamarinde durchpressen und mit der Flüssigkeit verrühren
1 Zwiebel, hacken
3 bis 4 Schalotten, hacken
2 cm Ingwerwurzel, fein hacken oder zerdrücken
2 bis 3 getrocknete Peperoni, einige Minuten in Wasser einweichen, aufschneiden und Samen entfernen
1 Teelöffel Krabbenpaste
1 Teelöffel Kurkuma
Salz
1 Prise Zucker
Öl

Zum Garnieren:

3 bis 4 grüne und rote lange milde Peperoni, Stielansätze entfernen, der Länge nach halbieren, Samen entfernen, hacken oder in feine Streifen schneiden

So wird es gemacht:

☺ Zwiebeln, Schalotten, Ingwerwurzel, Peperoni, Krabbenpaste, Kurkuma und etwas Salz in einen Elektromixer geben und pürieren (oder in einen Mörser geben und zerdrücken) ➠ etwas Öl in einem Topf erhitzen ➠ Gewürzpaste dazugeben und 2 bis 3 Minuten dünsten ➠ Fleischstücke untermengen und braten, bis sie Farbe annehmen ➠ Tamarindewasser darüber geben, mit Salz und Zucker abschmecken und zum Kochen bringen. Dann bei schwacher Hitze köcheln lassen, bis die Fleischstücke sehr weich sind und viel Flüssigkeit verdampft ist ➠ Topfinhalt in eine Servierschale geben ➡ mit Peperoni garnieren ➡ heiß mit Reis servieren.

****

Fleisch mit Gemüse

Zutaten:

250 g Fleisch, in Würfel schneiden, waschen und abtropfen lassen
1 Kochbanane, schälen und in Würfel schneiden
1 mittelgroße Aubergine, Stielansatz entfernen, waschen und in Würfel schneiden
4 bis 5 Kartoffeln, schälen, vierteln, waschen und abtropfen lassen
4 bis 5 lange milde Peperoni
1 Handvoll grüne Bohnen, halbieren und waschen
1 Tasse frische Erbsen
2 Karotten, schaben, in große Würfel schneiden und waschen
1 bis 2 Zwiebeln, hacken
5 bis 6 sehr kleine Zwiebeln oder Schalotten, nur schälen
1 Tasse Kokosnussmilch (siehe Seite 7)
Salz
Pfeffer
Öl oder Butterfett (Ghee)
Lauchzwiebeln, hacken (zum Garnieren)

Folgende Zutaten in einen Mörser geben und zerdrücken:

2 Knoblauchzehen
2 bis 3 cm Ingwerwurzel
1/2 Teelöffel Kurkuma
1 Teelöffel Currypulver
1/4 bis 1/2 Teelöffel Korianderpulver
1 Chilischote, Stielansatz und Samen entfernen
Etwas Salz

So wird es gemacht:

☺ Fleischstücke in einen Topf geben ➟ salzen und pfeffern ➟ mit Wasser bedecken und gar kochen ➟ aus der Brühe nehmen und warm halten ➟ Brühe aufbewahren.

☺ Gemüse und kleine Zwiebeln in einen Topf geben ➟ Kokosnussmilch darüber gießen, Brühe darüber geben, bis das Gemüse fast bedeckt ist ➟ zum Kochen bringen, dann bei schwacher Hitze köcheln lassen.

☺ Etwas Öl oder Butterfett (Ghee) in einer Pfanne erhitzen ➟ Zwiebeln dazugeben und dünsten, bis sie Farbe annehmen ➟ Gewürzpaste untermengen und kurz dünsten ➟ Fleischstücke dazugeben und gut vermengen ➟ abschmecken ➟ Pfanneninhalt zum Gemüse geben ➟ köcheln lassen, bis das Gemüse gar ist ➟ in eine Servierschüssel geben ➟ mit Lauchzwiebeln garnieren und heiß mit Reis servieren.

****

Gebratenes Fleisch

Zutaten:

500 g Fleisch, in dicke Scheiben schneiden, waschen und abtropfen lassen
1 Kokosnuss, Fruchtfleisch raspeln und daraus 4 bis 5 Tassen Kokosnussmilch herstellen (siehe Seite 7)
2 bis 3 Knoblauchzehen, mit etwas Salz zerdrücken
2 bis 3 cm Ingwerwurzel, zerdrücken
1 Teelöffel Kümmelpulver
2 Teelöffel zerdrückte Koriandersamen
1 Esslöffel Sojasoße
Salz
Öl

So wird es gemacht:

☺ Fleischscheiben und Kokosnussmilch in einen Topf geben ➟ die restlichen Zutaten (außer Öl) dazugeben, gut verrühren und kochen lassen, bis die Fleischstücke gar sind ➟ aus der Brühe nehmen und abtropfen lassen.

☺ Öl in einer Pfanne erhitzen ➟ gekochte Fleischscheiben dazugeben und braten, bis sie Farbe annehmen ➟ heiß mit scharfen Soßen und Brot servieren.

****

Gegrilltes Fleisch

Zutaten:

500 g (oder mehr) mageres Fleisch, in Würfel schneiden, waschen und abtropfen lassen

Zutaten für die Marinade:

2 bis 3 Knoblauchzehen, mit etwas Salz zerdrücken
2 cm Ingwerwurzel, zerdrücken
2 bis 3 Esslöffel Kokosnussmilch (siehe Seite 7)
1 Teelöffel zerdrückte Koriandersamen
1/2 Teelöffel Kümmelpulver
1/2 Teelöffel Kurkuma
1 bis 2 Teelöffel Zucker
1 bis 2 Zwiebeln oder Schalotten, hacken
1 Stange Zitronengras, hacken
1/2 Tasse Öl

So wird es gemacht:

☺ Alle Zutaten für die Marinade in eine Schale geben und gut vermengen ➟ Fleischstücke dazugeben und in der Marinade wälzen ➟ Schale zudecken und über Nacht ziehen lassen. Zwischendurch die Fleischstücke in der Marinade wenden.
☺ Fleischstücke auf Spieße stecken ➟ über einem Grill braten (Holzkohle darf nicht mehr rauchen) ➟ ab und zu mit Marinade bestreichen ➟ heiß mit Brot und Soßen oder Reis servieren.

Vermerk:
Man kann auch die Fleischstücke in Öl braten.

****

Gulai Nangka

Nyonya Brotfruchtcurry

Zutaten:

1 Brotfrucht (ca. 500 g), schälen, halbieren, Kerne, Kerngehäuse und harte Stellen entfernen, dann in kleine Würfel scheiden
1 Kokosnuss, das weiße Fruchtfleisch reiben und daraus ca. 3 Tassen Kokosnussmilch herstellen (siehe Seite 7)
1 Stange Zitronengras, zerkleinern
1 bis 2 cm Krabbenpaste (Belancan)
2 bis 3 cm Kurkumawurzel. Ersatzweise 1 Teelöffel Kurkumapulver
1 Chilischote, Stielansatz entfernen, der Länge nach halbieren, Samen entfernen und hacken
1 rote lange milde Peperoni, Stielansatz entfernen, der Länge nach halbieren, Samen entfernen und zerkleinern
1 Zwiebel, hacken
4 bis 5 Schalotten, hacken
100 g getrocknete Garnelen oder große Krabben, waschen und abtropfen lassen
1 Prise Salz

So wird es gemacht:

☺ Brotfruchtwürfel, eine Prise Salz und reichlich Wasser in einen Topf geben und fast gar kochen ➟ durch ein Sieb geben und abtropfen lassen.

☺ Zitronengras, Krabbenpaste, Kurkumawurzel, Chili und Peperoni, Zwiebel, Schalotten und eine Prise Salz in einen Mörser geben und zerdrücken, oder in einem Elektromixer pürieren.

☺ 2 Tassen Kokosnussmilch in einen Topf geben ➟ Brotfrucht, Gewürzpaste und getrocknete Garnelen oder Krabben dazugeben und kochen lassen, bis das Gemüse sehr weich ist ➟ die restliche Kokosnussmilch darüber geben, abschmecken und 2 bis 3 Minuten brodeln lassen, dann bei schwacher Hitze einige Minuten köcheln lassen und heiß servieren.

Ananas Gulai

Zutaten:

1 kleine Ananas, schälen, halbieren, harte Stellen entfernen und in kleine Würfel schneiden
100 g Garnelenfleisch (oder große Krabben)
ca. 3 Tassen Kokosnussmilch (siehe Seite 7)
2 Esslöffel gehackter Koriander
Salz
Öl

Folgende Zutaten in einen Mörser geben und zerdrücken:

3 Schalotten
2 Knoblauchzehen
1 Stange Zitronengras
1 getrocknete Chilischote, Stielansatz und Samen entfernen und Wasser ca. 10 Minuten einweichen lassen
2 bis 3 lange milde Peperoni, Stielansätze und Samen entfernen
1 Teelöffel Kurkuma (oder 2 cm Kurkumawurzel)
2 cm Krabbenpaste

So wird es gemacht:

☺ Etwas Öl in eine große Pfanne oder einen Topf geben und erhitzen ➡ Gewürzpaste dazugeben und weich dünsten ➡ Koriander und etwas Salz untermengen und ca. 1 Minute dünsten lassen ➡ 2 Tassen Kokosnussmilch nach und nach (langsam) dazugeben, umrühren und zum Kochen bringen ➡ Garnelen oder Krabben dazugeben ➡ einige Minuten brodeln lassen, dann die Ananasstücke dazugeben ➡ kochen lassen, bis die Ananasstücke weich sind ➡ die restliche Kokosnussmilch darübergießen, abschmecken und bei schwacher Hitze ca. 10 bis 15 Minuten köcheln lassen. Dabei umrühren ➡ heiß servieren.

****

Gekochte Ananas

Zutaten:

1 Ananas, schälen, harte Stellen rundherum entfernen, in Ringe schneiden und in eine Schale geben, 1 Teelöffel Kurkuma darübergeben und wenden
1 kleine Zwiebel oder Schalotte, in Ringe schneiden
1 bis 2 Knoblauchzehen, mit etwas Salz zerdrücken
1/2 Teelöffel Nelkenpulver
2 Kardamomkapseln, nur anschneiden
1 lange milde Peperoni, Stielansatz entfernen, der Länge nach halbieren, Samen entfernen und hacken
3 bis 4 cm Zimtstange
1 bis 2 Esslöffel Zucker
1 Prise Salz
Öl

So wird es gemacht:

☺ Etwas Öl in einem Topf erhitzen ➟ Zwiebeln oder Schalotten dazugeben und glasig dünsten ➟ Knoblauchpaste untermengen und kurz dünsten ➟ Ananasstücke mit ihrem Saft dazugeben und einige Minuten braten ➟ 1 bis 1½ Tassen darüber gießen und umrühren ➟ die restlichen Zutaten dazugeben ➟ kurz zum Kochen bringen, dann bei schwacher Hitze köcheln lassen, bis die Ananasstücke weich sind ➟ mit Zucker und Salz abschmecken ➟ heiß mit Reis servieren.

****

Auberginencurry

Zutaten:

2 lange Auberginen (ca. 500 g), Stielansatz entfernen, halbieren und in Würfel schneiden. Dann mit Salz bestreuen und in ein Sieb geben, damit die bitteren Säfte austropfen können. Vor dem Kochen waschen und abtropfen lassen
1 Kokosnuss, nur das weiße Fruchtfleisch reiben, davon 3 bis 4 Esslöffel beiseite stellen und den Rest zu 3 Tassen

Kokosnussmilch verarbeiten (siehe Seite 7)
1 kleine Zwiebel, hacken
3 bis 4 Schalotten, hacken
1 Knoblauchzehe, hacken
Ca. 3 Esslöffel Currypulver, mit etwas Wasser vermengen
1/2 Teelöffel Zimt
2 bis 3 cm Ingwerwurzel, hacken
1 Prise Salz
Öl

So wird es gemacht:

☺ Kokosnussraspel in einer Pfanne rösten, bis sie Farbe annehmen ➡ aus der Pfanne nehmen und beiseite stellen.
☺ Etwas Öl in die Pfanne geben und erhitzen ➡ Zwiebeln und Schalotten dazugeben und glasig dünsten ➡ Knoblauch dazugeben und kurz dünsten ➡ Currypaste, Zimt und Ingwer dazugeben und gut vermengen ➡ Kokosnussmilch nach und nach dazugeben und verrühren ➡ abschmecken ➡ Auberginen dazugeben und zum Kochen bringen, dann bei schwacher Hitze köcheln lassen, bis die Auberginenstücke gar sind und eine dicke Soße entstanden ist ➡ abschmecken ➡ in eine Servierschale geben ➡ mit gerösteter Kokosnuss bestreuen und heiß servieren.

****

Gebratene Auberginen

Zutaten:

2 lange Auberginen (250 bis 300 g), Stielansätze entfernen, der Länge nach halbieren und in Stücke schneiden
1/2 Chilischote, zerdrücken
1 Esslöffel Sojabohnenpaste
Salz
Öl

So wird es gemacht:

☺ Etwas Öl in einer großen Pfanne erhitzen ➡ Sojabohnenpaste und Chili dazugeben und kurz dünsten ➡ Auberginenstücke dazugeben, salzen und in Öl wenden. Dann Pfanne zudecken und bei schwacher Hitze garen. Zwischendurch wenden ➡ abschmecken und heiß mit Reis servieren.

****

Kohl in Kokosnusssoße

Zutaten:

250 g weiße Kohlblätter, in kleine Würfel schneiden, waschen und abtropfen lassen
1 Kokosnuss, daraus ca. 3 Tassen Kokosnussmilch herstellen (siehe Seite 7)
50 g Krabben- oder Garnelenfleisch
1 cm Krabbenpaste
4 bis 5 Schalotten, hacken
1 Chilischote, Stielansatz entfernen, der Länge nach halbieren, Samen entfernen und hacken
1/2 Teelöffel Kurkuma
1/2 Teelöffel Ingwerpulver
Salz

So wird es gemacht:

☺ Kurkuma, Schalotten, Chili, Ingwerpulver, Kurkuma und Salz zu einer Paste verarbeiten.

☺ Kokosnussmilch und Gewürzpaste in einen Topf geben und zum Brodeln bringen, dabei umrühren ➡ Kohl dazugeben und bei schwacher Hitze köcheln lassen. Dann die Krabben dazugeben und köcheln lassen, bis alles im Topf gar und eine dicke Soße entstanden ist.

****

Variante 2

Zutaten:

1 kleiner Weißkohl, vierteln, waschen und abtropfen lassen
4 bis 5 Schalotten, in Ringe schneiden
1 Kokosnuss, daraus 3 Tassen Kokosnussmilch herstellen (siehe Seite 7)
ca. 50 g Krabbenfleisch
1 Prise Salz

So wird es gemacht:

☺ Kokosnussmilch, eine Prise Salz und Krabben in einen Topf geben und zum Kochen bringen ➟ Weißkohl dazugeben ➟ Topf zudecken und köcheln lassen, bis die Kohlblätter gar sind und eine dicke Soße entstanden ist ➟ heiß mit Reis servieren.

****

Gebratener Kohl

Zutaten:

250 g weiße Kohlblätter, halbieren, in dünne Streifen schneiden, waschen und abtropfen lassen
2 Zwiebeln, in Ringe schneiden
1 Teelöffel Pfeffer
2 Eier, aufschlagen, in eine Schale geben, salzen und verrühren
1 cm Krabbenpaste (oder 1 bis 2 Esslöffel getrocknete Krabben, kurz in Wasser einweichen, dann zerdrücken)
Salz
Öl

So wird es gemacht:

☺ Etwas Öl in einer großen Pfanne oder einem Topf erhitzen ➟ Zwiebeln dazugeben und glasig dünsten ➟ Krabbenpaste dazugeben und kurz dünsten ➟ Kohlblätter untermengen ➟ salzen ➟ etwas Wasser darüber geben und dünsten, bis die

Blätter sehr weich sind und die Flüssigkeit verdampft ist ➟ Eier darüber geben und gut vermengen ➟ köcheln lassen, bis die Eier gestockt sind ➟ Pfeffer darüberstreuen, umrühren und servieren.

****

Kohl und Süßkartoffeln in Kokosnussoße

Zutaten:

ca. 200 g weiße Kohlblätter, in dünne Streifen schneiden, dann zerkleinern, waschen und abtropfen lassen
1 Tasse Blattspinat, waschen und abtropfen lassen
2 kleine Süßkartoffeln, schälen, in kleine Würfel schneiden, waschen und abtropfen lassen
1 kleine Karotte, schaben, in Ringe schneiden
2 Tassen Kokosnussmilch (siehe Seite 7)
ca. 50 g getrocknete Garnelen oder Krabben, waschen und abtropfen lassen
Salz
Öl

Folgende Zutaten zu einer Paste verarbeiten:

1 bis 2 Knoblauchzehen, zerkleinern
1 Zwiebel, vierteln
1 Chilischote, Stielansatz entfernen, der Länge nach halbieren, Samen entfernen und zerkleinern
2 rote lange milde Peperoni, Stielansätze und Samen entfernen, dann zerkleinern
1 bis 2 cm Krabbenpaste

So wird es gemacht:

☺ Etwas Öl in einem Topf erhitzen ➟ Gewürzpaste und Garnelen oder Krabben dazugeben und ca. 1 Minute dünsten ➟ 1½ Tassen Wasser darübergeben, gut verrühren und zum Kochen bringen ➟ Kartoffeln und Karotten dazugeben und kochen lassen, bis sie fast gar sind ➟ Kohl, Spinat und Kokosnussmilch darüber geben ➟ abschmecken und köcheln lassen, bis das Gemüse gar ist ➟ heiß mit Reis servieren.

Gemüse mit Glasnudeln

Zutaten:

1 Tasse frische Erbsen
1 kleinen Blumenkohl, zerlegen, zerkleinern, waschen und abtropfen lassen
1 Handvoll Zuckererbsen, zerkleinern und waschen
2 kleine Karotten, schaben und in dünne Ringe schneiden
1 Handvoll grüne Bohnen, zerkleinern und waschen
2 Zwiebeln, in Streifen schneiden
2 bis 3 Knoblauchzehen, mit etwas Salz zerdrücken
1 Stück Bohnenquark (Tofu), vierteln
2 bis 3 Stücke Tofu, in kleine Würfel schneiden, in Öl braten und beiseite stellen
ca. 25 g Glasnudeln, zerkleinern und in Wasser legen, bis sie weich sind
Getrocknete Lotusblüten, in Wasser einweichen, dann auspressen
Salz
Öl

So wird es gemacht:

☺ Etwas Öl in einem Topf erhitzen ➡ Zwiebeln dazugeben und glasig dünsten ➡ Knoblauchpaste dazugeben und kurz dünsten ➡ Gemüse, Lotusblüten und geviertelten Tofu dazugeben ➡ salzen ➡ gut vermengen und ca. 1 Minute dünsten ➡ etwas Wasser darüber gießen, damit etwas Soße entstehen kann ➡ kurz zum Kochen bringen. Dann die restlichen Zutaten untermengen und bei schwacher Hitze köcheln lassen, bis das Gemüse gar ist ➡ falls die Flüssigkeit verdampft ist, etwas Wasser darübergeben ➡ vor dem Servieren kurz zum Brodeln bringen und heiß mit Reis servieren.

****

Gemüsecurry in Kokosnusssoße

Zutaten:

ca. 1 kg verschiedene Gemüsesorten:

Blumenkohl, zerkleinern und waschen
Grüne Bohnen, vierteln
Zuckererbsen, vierteln
Erbsen
Kleine Okra, Stielansätze kegelförmig schneiden
Bambussprossen

3 Tassen Kokosnussmilch (siehe Seite 7)
2 bis 3 Stücke Bohnenquark, in Streifen schneiden und in Öl braten

Folgende Zutaten zu einer Paste verarbeiten:

1 bis 2 Knoblauchzehen, vierteln
1 kleine Zwiebeln, hacken
2 bis 3 Schalotten, hacken
2 bis 3 cm Ingwerpulver
1 Teelöffel Korianderpulver
1 Stange Zitronengras
1 lange milde Peperoni, Stielansatz entfernen, der Länge nach halbieren, Samen entfernen und hacken
1 bis 2 cm Krabbenpaste (Belancan)

Salz
Öl

So wird es gemacht:

☺ Etwas Öl in einem Topf erhitzen ➟ Gewürzpaste dazugeben und dünsten, bis sie weich ist ➟ 1 Tasse Kokosnussmilch darüber geben und langsam zum Kochen bringen ➟ Gemüse und Tofu dazugeben und gut vermengen ➟ Topf zudecken und 5 bis 6 Minuten kochen lassen ➟ die restliche Kokosnussmilch und eine Prise Salz dazugeben und kurz zum Kochen bringen, dann bei schwacher Hitze köcheln lassen, bis das Gemüse gar ist ➟ abschmecken und heiß servieren.

****

Kartoffelcurry

Zutaten:

1 kg Kartoffeln, schälen, vierteln, waschen und abtropfen lassen
2 bis 3 lange milde Peperoni, Stielansätze entfernen, der Länge nach halbieren, Samen entfernen und in Streifen schneiden
1 Esslöffel gehackter Koriander
1 bis 2 Knoblauchzehen, hacken
ca. 2 cm Ingwerwurzel, hacken
1 kleine Schalotte, hacken
1 Teelöffel Kurkuma und 1/4 Teelöffel Chilipulver in eine Schale geben, etwas Wasser darüber geben und zu einer Paste verrühren
ca. 50 g (oder mehr) geröstete Sesamkerne, in einen Mörser geben und zerdrücken
1 Tasse Kokosnussmilch (siehe Seite 7)
Salz
Öl

So wird es gemacht:

☺ Etwas Öl in einem Topf erhitzen ➟ Schalotten dazugeben und glasig dünsten ➟ Ingwer und Knoblauch dazugeben und dünsten, bis sie Farbe annehmen ➟ Kochtemperatur reduzieren ➟ Chilipaste und zerdrückte Sesamkerne untermengen ➟ Kokosnussmilch nach und nach dazugeben und verrühren ➟ zum Kochen bringen, dabei umrühren ➟ Peperoni und Koriander dazugeben und bei schwacher Hitze 3 bis 4 Minuten köcheln lassen ➟ Kartoffeln in die Soße geben und salzen ➟ Topf zudecken und köcheln lassen, bis die Kartoffeln gar sind. Falls die Soße verdampft ist, etwas Kokosnussmilch oder Wasser darüber gießen ➟ heiß mit Reis servieren.

****

Grünes Bohnencurry

Zutaten:

500 g frische grüne Bohnen, vierteln, waschen und abtropfen lassen
ca. 50 g Krabben- oder Garnelenfleisch
4 bis 5 Schalotten, in Streifen schneiden
1 Esslöffel (oder mehr) Currypulver
ca. 2 Tassen Kokosnussmilch (siehe Seite 7)
Salz
Öl

So wird es gemacht:

☺ Kokosnussmilch in einen Topf geben ➟ Currypulver und eine Prise Salz dazugeben und gut verrühren ➟ Bohnen dazugeben und kurz zum Kochen bringen, dann bei schwacher Hitze köcheln lassen.
☺ Etwas Öl in einer Pfanne erhitzen ➟ Schalotten dazugeben und goldbraun dünsten ➟ zu den Bohnen geben und umrühren ➟ köcheln lassen, bis die Bohnen gar sind ➟ abschmecken und heiß servieren.

****

Gebratene grüne Bohnen

Zutaten:

500 g frische grüne Bohnen, vierteln, waschen und abtropfen lassen
2 bis 3 Esslöffel getrocknete Krabben, 7 bis 8 Minuten in Wasser einweichen, durch ein Sieb geben und abtropfen lassen
Salz
Öl

Folgende Zutaten zu einer Paste verarbeiten:

1 cm Krabbenpaste (Belancan)
1 Stange Zitronengras, hacken
1 Chilischote, Stielansatz entfernen, der Länge nach halbieren, Samen entfernen und hacken

1 Teelöffel Zucker
1 Teelöffel Kurkuma
1/2 Teelöffel Ingwerpulver

So wird es gemacht:

☺ Etwas Öl in einer großen Pfanne erhitzen ➟ Krabben dazugeben und knusprig braten ➟ Gewürzpaste dazugeben und dünsten ➟ Bohnen untermengen und braten, bis die Bohnen etwas Farbe angenommen haben ➟ 2 bis 3 Esslöffel Wasser und Salz darüber geben ➟ Pfanne zudecken und bei schwacher Hitze ca. 5 Minuten köcheln lassen, bis die Bohnen weich sind ➟ abschmecken und heiß servieren.

****

Bambussprossen in Kokosnusssoße

Zutaten:

1 Dose (250 g) Bambussprossen, Doseninhalt durch ein Sieb geben und abtropfen lassen
1½ Tassen Kokosnussmilch (siehe Seite 7)
1 Stück getrockneten Fisch (Größe nach Belieben), das Fleisch zerkleinern
1 Stange Zitronengras, fein hacken oder zerdrücken
1 bis 2 cm Kurkumawurzel, hacken (oder 1/2 Teelöffel Kurkumapulver)
3 bis 4 rote lange milde Peperoni, Stielansätze entfernen, der Länge nach halbieren, Samen entfernen und fein hacken, oder zerdrücken
1 Prise Salz

So wird es gemacht:

☺ Kokosnussmilch in einen Topf geben und bei mittlerer Hitze kochen lassen ➟ alle Zutaten dazugeben und gut vermengen ➟ kochen lassen, bis die Soße dick wird ➟ abschmecken ➟ heiß mit Reis servieren.

****

Okra mit Tomaten

Zutaten:

250 g kleine Okraschoten, Stielansätze kegelförmig abschneiden, waschen und abtropfen lassen. Falls man mittelgroße Okraschoten verwenden möchte, muss man zuerst die Stielansätze kegelförmig abschneiden, dann waschen und abtropfen lassen, danach kann man die Schoten halbieren
2 bis 3 Tomaten, hacken
1 Zwiebel, hacken oder in Streifen schneiden
1 bis 2 Esslöffel gehackter Koriander
1 Knoblauchzehe, mit etwas Salz zerdrücken
1 bis 2 cm Ingwerwurzel, zerdrücken
1/2 Teelöffel Kurkuma
2 bis 3 rote und grüne lange milde Peperoni, Stielansätze und Samen entfernen und fein hacken
Salz
Öl

So wird es gemacht:

☺ Etwas Öl in eine große Pfanne oder einen Topf geben und erhitzen ➡ Zwiebeln dazugeben und dünsten, bis sie Farbe annehmen ➡ Peperoni, Knoblauch- und Ingwerpaste, Kurkuma und etwas Salz dazugeben und weich dünsten ➡ Tomaten untermengen und 3 bis 4 Minuten dünsten ➡ Okra dazugeben ➡ gut vermengen ➡ Pfanne oder Topf zudecken und bei schwacher Hitze ca. 10 Minuten köcheln lassen, bis die Okraschoten gar sind. Falls die Flüssigkeit verdampft ist, etwas Wasser darüber geben ➡ heiß mit Reis servieren.

****

Geflügelgerichte

Geröstetes Hähnchen

Zutaten:

1 Hähnchen, waschen und von innen und außen trocknen
1 Stange Zitronengras, hacken
1 Knoblauchzehe, hacken
4 bis 5 Schalotten, in Streifen schneiden
6 bis 7 Esslöffel Kokosnusscreme (Kokosnusscreme wird in Dosen oder Gläsern angeboten)

Folgende Zutaten zu einer Paste verarbeiten:

3 bis 4 Esslöffel gehackter Koriander
1 Teelöffel Kurkuma
1 Teelöffel Fenchelsamen
1 Knoblauchzehe, vierteln
1 Teelöffel Kümmelpulver
2 bis 3 getrocknete Peperoni, Stielansätze und Samen entfernen, dann ca. 10 Minuten in Wasser einweichen
Salz

So wird es gemacht:

☺ Alle Zutaten (außer Hähnchen) in eine Schale geben und gut vermengen.

☺ Hähnchen von innen und außen mit Gewürzpaste einreiben und ca. 1 Stunde ziehen lassen.

☺ Backofen auf 200°C vorheizen.

☺ Mariniertes Hähnchen in den Backofen schieben und goldbraun backen. Das kann je nach Gewicht 1½ bis 2 Stunden dauern ➟ zwischendurch wenden ➟ Hähnchen zerlegen und mit Reis servieren.

❄❄❄❄❄❄❄❄❄❄❄

Grill-Hähnchen

Zutaten:

1 Hähnchen, zerlegen, waschen und abtropfen lassen

Folgende Zutaten zu einer Marinade verarbeiten:

Marinade A

1 Tasse Öl
2 Knoblauchzehen, zerdrücken
2 bis 3 Chilischoten, Stielansätze entfernen, der Länge nach halbieren, Samen entfernen und zerdrücken
1 Zwiebel, hacken
4 bis 5 Schalotten, hacken
1 Teelöffel Korianderpulver
1 Teelöffel Ingwerpulver
1 bis 2 Esslöffel Sojasoße (Sorte nach Belieben)
Salz
Pfeffer

Marinade B

3 Tassen Kokosnussmilch (siehe Seite 7)
1 bis 2 Stücke Tamarinde (für einige Minuten in Kokosnussmilch legen, dann mit den Fingern zerdrücken)
3 bis 4 Knoblauchzehen, zerdrücken
1 Teelöffel Korianderpulver
1 Prise Salz

Marinade C

1 Stange Zitronengras, hacken
1 bis 2 Zwiebeln, hacken oder zerdrücken
3 bis 4 Schalotten hacken oder zerdrücken
1 Teelöffel Zucker
1 Teelöffel Korianderpulver
1 Teelöffel Zimt
1 Teelöffel Kurkuma
Salz
4 bis 5 Esslöffel Öl

So wird es gemacht:

☺ Hähnchenteile in der Marinade wälzen und einige Stunden ziehen lassen ➟ Grill vorheizen ➟ Hähnchenteile auf einen

Grillrost legen und grillen (Holzkohle darf nicht mehr rauchen). Zwischendurch mit Marinade bestreichen.

****

Malaysisches Hähnchencurry

Zutaten:

1 Hähnchen, in Teile zerlegen, waschen und abtropfen lassen
ca. 3 Tassen Kokosnussmilch (siehe Seite 7)
4 bis 5 Schalotten, zerdrücken
2 bis 3 Knoblauchzehen, mit etwas Salz zerdrücken
Ein Stück Zimtstange (Größe nach Belieben)
2 bis 3 Nelken
2 Teelöffel Koriandersamen und 1 Teelöffel Kümmelsamen, in einen Mörser geben und zerdrücken
1 Stange Zitronengras, zerdrücken oder fein hacken
1 Teelöffel Kurkuma
2 bis 3 getrocknete lange milde Peperoni, Stielansatz und Samen entfernen, dann ca. 10 Minuten in Wasser einweichen und zerdrücken
Salz
Öl

So wird es gemacht:

☺ Öl in einen Topf geben und erhitzen ➟ Schalotten und Knoblauch dazugeben und dünsten, bis sie weich sind ➟ die restlichen Gewürze untermengen und kurz dünsten ➟ 1/2 Tasse Kokosnussmilch darübergeben, verrühren und zum Kochen bringen ➟ Hähnchenteile dazugeben und in der Soße gut wälzen ➟ 2 bis 3 Minuten brodeln lassen, dann die restliche Kokosnussmilch darüber geben, umrühren und kurz zum Kochen bringen, dann bei schwacher Hitze und geschlossenem Topf köcheln lassen, bis die Fleischstücke gar sind und die Soße dick ist ➟ heiß mit Reis servieren.

****

Hähnchencurry in Tomatensoße

Zutaten:

500 g Hähnchenfleisch, in Würfel schneiden, waschen und abtropfen lassen
1 kleine Dose Tomatenmark (75 g), in ca. 2 Tassen Wasser auflösen
2 bis 3 Tomaten, in kleine Würfel schneiden
2 Knoblauchzehen, mit etwas Salz zerdrücken
1 Zwiebel, hacken
1 Teelöffel Ingwerpulver
1 bis 2 Teelöffel Currypulver
Salz
Pfeffer
Öl

So wird es gemacht:

☺ Öl in einem Topf erhitzen ➟ Zwiebeln dazugeben und glasig dünsten ➟ Knoblauchpaste untermengen und kurz dünsten ➟ Tomaten, Ingwerpulver, Salz und Pfeffer dazugeben, umrühren und dünsten, bis die Flüssigkeit fast verdampft ist ➟ Hähnchenfleisch dazugeben, gut vermengen und einige Minuten braten, bis die Fleischstücke fast gar sind ➟ aufgelöstes Tomatenmark darüber gießen ➟ kurz zum Kochen bringen ➟ Topf zudecken und bei schwacher Hitze köcheln lassen, bis die Fleischstücke gar sind. Falls die Soße sehr dickflüssig wird, mit etwas Wasser verdünnen.

❄❄❄❄❄❄❄❄❄❄❄

Hähnchencurry in Kokosnusssoße

Zutaten:

500 g Hähnchenfleisch, würfeln, waschen und abtropfen lassen
3 Tassen Kokosnussmilch (siehe Seite 7)
2 bis 3 lange milde Peperoni, Stielansätze entfernen, der Länge nach halbieren, Samen entfernen und würfeln
3 bis 4 Kartoffeln, schälen, vierteln, waschen und abtropfen lassen
1 Knoblauchzehe, mit etwas Salz zerdrücken
1 Zwiebel, hacken oder zerdrücken
2 Schalotten, hacken oder zerdrücken
2 bis 3 Tomaten, in kleine Würfel schneiden
1 bis 2 cm Ingwerwurzel, zerdrücken
2 bis 3 Esslöffel Currypulver, mit etwas Wasser vermengen
1/2 Teelöffel Zimtpulver oder Stücke Zimtstange
2 bis 3 Nelken
Salz
Öl

So wird es gemacht:

☺ Öl in einem Topf erhitzen ➟ Zwiebeln, Schalotten und Knoblauch dazugeben und weich dünsten ➟ Tomaten, Gewürze, eine Prise Salz und etwas Kokosnussmilch dazugeben und gut vermengen ➟ dünsten, bis die Flüssigkeit verdampft ist ➟ Hähnchenfleisch, Peperoni und etwas Kokosnussmilch dazugeben und braten, bis die Fleischstücke fast gar sind ➟ die restliche Kokosnussmilch darüber gießen ➟ Kartoffeln dazugeben ➟ umrühren und kurz zum Kochen bringen ➟ Topf zudecken und bei schwacher Hitze köcheln lassen, bis die Kartoffeln gar sind ➟ heiß mit Reis servieren.

****

Hähnchencurry in Tomaten- und Kokosnusssoße

Zutaten:

1 Hähnchen, in Teile zerlegen, waschen und abtropfen lassen
2 Tassen Kokosnussmilch (siehe Seite 7)
1 Tasse Tomatensaft. Man kann auch 2 bis 3 Esslöffel Tomatenmark in einer Tasse Wasser auflösen
2 bis 3 Tomaten, vierteln
1 Tasse zerkleinerte Bohnen, und/oder Erbsen
2 bis 3 Knoblauchzehen, mit etwas Salz zerdrücken
1 Zwiebel, in Streifen schneiden
2 bis 3 (oder mehr) getrocknete Peperoni, Stielansätze entfernen, der Länge nach halbieren, Samen entfernen, ca. 10 Minuten in Wasser einweichen, dann zerdrücken
2 cm Ingwerwurzel, zerdrücken oder fein hacken
2 Nelken
1 Teelöffel Zimtpulver, oder 3 cm Zimtstange
2 bis 3 Teelöffel Kurkuma
1 Esslöffel Zucker
1 Prise Salz
Öl

So wird es gemacht:

☺ Hähnchenteile mit etwas Knoblauchpaste, Kurkuma, und Salz einreiben und ca. 30 Minuten ziehen lassen ➟ Öl in einer Pfanne erhitzen und die Hähnchenteile goldbraun braten ➟ aus der Pfanne nehmen ➟ abtropfen lassen und beiseite stellen.

☺ Etwas Öl in einem Topf erhitzen ➟ Gewürze, Zwiebeln und Knoblauchpaste dazugeben und weich dünsten ➟ Kokosnussmilch dazugeben ➟ umrühren und zum Kochen bringen ➟ Hähnchenteile in die Soße geben und 2 bis 3 Minuten kochen lassen ➟ Tomaten, Bohnen und/oder Erbsen und Tomatensaft dazugeben und verrühren ➟ Topf zudecken und bei schwacher Hitze köcheln lassen, bis das Gemüse gar ist ➟ heiß mit Reis servieren.

****

Hähnchenfleisch in Tamarinde- und Kokosnusssoße

Zutaten:

1 kg Hähnchenfleisch, in kleine Würfel schneiden, waschen und abtropfen lassen
1 Stück Tamarinde, zerdrücken
1 Tasse Kokosnussraspel, in einer Pfanne rösten, bis sie Farbe annehmen, dann zerdrücken
2 bis 3 Tassen Kokosnussmilch (siehe Seite 7)
1 Stange Zitronengras, halbieren
1 Zwiebel, reiben oder fein hacken
2 cm Ingwerwurzel, reiben oder fein hacken
1 Teelöffel Kurkuma
1 Teelöffel Anissamen, kurz zerdrücken
1/2 Teelöffel Kümmelsamen
4 bis 5 getrocknete lange milde Peperoni, Stielansätze und Samen entfernen, ca. 10 bis 15 Minuten in Wasser einweichen, dann zerdrücken
1/2 Teelöffel Pfeffer
Salz

So wird es gemacht:

☺ Hähnchenfleisch, Ingwer, Zwiebeln, Peperoni und Kokosnussmilch in einen Topf geben und zum Kochen bringen ➟ einige Minuten brodeln lassen ➟ die restlichen Zutaten dazugeben ➟ umrühren ➟ Topf zudecken und bei schwacher Hitze köcheln lassen, bis die Fleischstücke gar sind und die Soße sehr dick ist ➟ heiß mit Reis servieren.

****

Hähnchenkeulen mit Peperoni

Zutaten:

6 bis 7 Hähnchenkeulen, Haut entfernen, waschen und abtropfen lassen
6 bis 7 rote lange milde Peperoni, Stielansätze entfernen, der Länge nach halbieren, Samen entfernen und zerdrücken oder fein hacken
1 bis 2 rote lange milde Peperoni, Stielansätze und Samen entfernen, dann in feine Streifen schneiden
1 bis 2 Knoblauchzehen, mit etwas Salz zerdrücken
1 Zwiebel, hacken
3 cm Ingwerwurzel, zerdrücken
1 Teelöffel Kurkuma
Zitronensaft
1/2 Tasse Wasser
Salz
Pfeffer
Öl

So wird es gemacht:

☺ Öl in einer großen Pfanne erhitzen ➟ Zwiebeln dazugeben und glasig dünsten ➟ Knoblauch und Ingwer dazugeben und weich dünsten ➟ Hähnchenkeulen salzen und pfeffern und braten ➟ Peperonipaste und Kurkuma darüber geben und weiterbraten, bis die Hähnchenkeulen eine goldbraune Farbe angenommen haben ➟ Wasser und 1 bis 2 Esslöffel Zitronensaft darüber geben ➟ abschmecken ➟ Pfanne zudecken und köcheln lassen, bis das Fleisch gar und die Flüssigkeit verdampft ist ➟ in eine Servierschüssel geben ➟ mit Peperonistreifen garnieren und heiß mit Reis servieren.

❄❄❄❄❄❄❄❄❄❄

Hähnchen mit Ingwer

Zutaten:

1 kg Hähnchenfleisch, in dünne Streifen schneiden, dann die Streifen in kleine Stücke schneiden, waschen und abtropfen lassen
1½ Tassen Kokosnussmilch (siehe Seite 7)
1/4 Tasse Kokosnussraspel
2 Zwiebeln, in Streifen schneiden
Öl, Butter oder Butterfett (Ghee)

Folgende Zutaten mit etwas Kokosnussmilch zu einer Paste verarbeiten:

1 Stange Zitronengras, vierteln
1/2 Chilischote, hacken. Ersatzweise etwas Chilisoße
1 Ingwerwurzel, hacken
1 bis 2 Knoblauchzehen, hacken
1 Teelöffel Koriandersamen
1 Staranis
1 Teelöffel Kurkuma
1 bis 2 Esslöffel Limettensaft
Salz

So wird es gemacht:

☺ Butter, Öl oder Butterfett in einer großen Pfanne erhitzen ➟ Kokosnussraspel dazugeben und braten, bis sie Farbe annehmen ➟ aus der Pfanne nehmen und beiseitestellen.
☺ Zwiebeln in das heiße Fett geben und glasig dünsten ➟ Gewürzpaste dazugeben und gut vermengen, dann die Fleischstücke untermengen und einige Minuten braten ➟ Kokosnussmilch und gebratene Kokosnussraspel dazugeben ➟ gut verrühren ➟ kurz zum Kochen bringen, dann bei schwacher Hitze ca. 10 Minuten köcheln lassen, bis die Fleischstücke gar sind ➟ heiß mit Reis servieren.

****

Gedämpftes Hähnchen

Zutaten:

1 Hähnchen, in Teile zerlegen, waschen und abtropfen lassen

Folgende Zutaten zu einer Marinade vermengen:

Etwas Öl
1 bis 2 Knoblauchzehen, zerdrücken
3 bis 4 Schalotten oder rote Zwiebeln, zerdrücken
ca. 1 cm Kurkumawurzel, zerdrücken. Ersatzweise 1 Teelöffel Kurkumapulver
1 bis 2 cm Ingwerwurzel, hacken oder zerdrücken
1 Stange Zitronengras, hacken
1 Esslöffel Koriandersamen, zerdrücken
1 Teelöffel Kümmelpulver
1 Prise Zucker
1 Prise Salz

So wird es gemacht:

☺ Marinade in eine große Schüssel geben ➡ Hähnchenteile in der Marinade wälzen ➡ Schüssel zudecken und 1 Stunde ziehen lassen ➡ Hähnchenteile mit Marinade in einen Dampftopf geben und dämpfen, bis das Fleisch gar ist.

Vermerk:

Man kann auch ohne extra Dampftopf (siehe Seite 8) die Hähnchenteile dämpfen.

****

Gebratenes Hähnchen

Zutaten:

1 Hähnchen, Fleisch vom Knochen lösen, in Würfel schneiden, waschen und abtropfen lassen
Öl

Folgende Zutaten in einen Mörser geben und zu einer Paste verarbeiten:

1 Stange Zitronengras, hacken
1 bis 2 Knoblauchzehen, hacken

1 Zwiebel, hacken
4 bis 5 Schalotten, hacken
1 Teelöffel Kurkumapulver
1 bis 2 Esslöffel gehackter Koriander. Ersatzweise 1 Teelöffel Korianderpulver oder Koriandersamen
1 Teelöffel Kümmelpulver
1 Prise Zucker
1 Prise Salz

So wird es gemacht:

☺ Hähnchenfleisch und Marinade in einen Topf geben und gut vermengen ➟ Topf zudecken und ca. 1 Stunde ziehen lassen ➟ ca. 1 Tasse Wasser darüber gießen und zum Kochen bringen ➟ kochen lassen, bis die Fleischstücke fast gar sind ➟ Fleischstücke aus der Brühe nehmen und abtropfen lassen.
☺ Öl in einer Pfanne erhitzen ➟ gekochte Fleischstücke dazugeben und goldbraun braten ➟ heiß servieren.

****

Eiercurry

Zutaten:

7 bis 8 Eier, hart kochen und schälen, dann mit einem spitzen Messer in das Eiweiß stechen
1 Tasse Kokosnussmilch (siehe Seite 7)
1 Zwiebel, in Streifen schneiden
1/2 Stange Zitronengras, hacken
Öl

Folgende Zutaten in einen Mörser geben und zerdrücken:

1 bis 2 Knoblauchzehen, hacken
1 Chilischote, Stielansatz entfernen, der Länge nach halbieren, Samen entfernen und zerkleinern
1 bis 2 cm Ingwerwurzel, hacken
1 Teelöffel Kurkumapulver
1 bis 2 Teelöffel Currypulver
Salz

So wird es gemacht:

☺ Öl in einen Topf geben und erhitzen ➟ Zwiebeln dazugeben und glasig dünsten ➟ Gewürzpaste dazugeben und dünsten, bis sie weich ist ➟ Kokosnussmilch darübergießen und zum Kochen bringen ➟ Eier in die Soße tauchen und bei schwacher Hitze köcheln lassen, bis die Soße dicker wird ➟ Zitronengras in die Soße geben und umrühren ➟ 1 bis 2 Minuten köcheln lassen, dann heiß mit Reis servieren.

****

Gefüllte Ente (oder Hähnchen)

Zutaten:

1 Ente, waschen und abtropfen lassen
1 bis 2 Knoblauchzehen, mit etwas Salz zerdrücken
1 Esslöffel (oder mehr, je nach Geschmack) Kümmelpulver
2 Kokosnüsse, daraus 4 bis 6 Tassen Kokosnussmilch herstellen (siehe Seite 7)
Tamarindesaft
Zucker
Salz
Pfeffer
Öl

Zutaten für die Füllung:

2 Kartoffeln, schälen, in kleine Würfel schneiden, waschen, in einen Topf geben, mit Wasser bedecken und fast gar kochen, durch ein Sieb geben und abtropfen lassen
3 bis 4 kleine Schalotten
2 bis 3 lange milde Peperoni
1 hart gekochtes und geschältes Ei
Entenleber, zerkleinern und waschen

So wird es gemacht:

☺ Etwas Öl in einer Pfanne erhitzen ➠ Knoblauchpaste, Kümmel und etwas Pfeffer miteinander vermengen und in das heiße Öl geben ➠ kurz dünsten ➠ Leber dazugeben und braten, bis sie Farbe annimmt ➠ Schalotten, Peperoni und Kartoffeln untermengen und kurz braten ➠ abschmecken ➠ aus der Pfanne nehmen und abkühlen lassen.

☺ Füllung in die Ente geben, zunähen und in einen großen Topf legen ➠ mit Kokosnussmilch bedecken ➠ mit Salz, Zucker und Tamarinde abschmecken und kochen lassen, bis die Soße dick wird ➠ aus der Soße nehmen, auf ein Backblech legen und in den vorgeheizten Backofen (200°C) schieben und braten, bis die Ente gar ist ➠ in eine Servierschale geben ➠ etwas heiße Soße darüber geben und servieren.

❄❄❄❄❄❄❄❄❄❄

Fischgerichte

Otak Otak
Gedämpfte Fischfilets

Zutaten:

500 g Fischfilets (weiße feste Sorte), in Streifen und dann in Würfel schneiden, waschen und abtropfen lassen
2 bis 3 Esslöffel Kokosnusscreme in 1/2 Tasse Wasser auflösen (siehe Seite 7)
2 Zwiebeln oder Schalotten, fein hacken oder reiben
1 Teelöffel Kurkumapulver
1/4 Teelöffel Chilipulver
1/2 Teelöffel Kümmelpulver
1 Teelöffel Korianderpulver
1 Stange Zitronengras, fein hacken
2 Lauchzwiebeln, fein hacken
1 bis 2 Knoblauchzehen, mit etwas Salz zerdrücken
1 bis 2 cm Ingwerwurzel, fein hacken
3 bis 4 Eier, aufschlagen, in eine Schale geben, salzen und pfeffern und verrühren
Salz
Pfeffer
Alufolie oder Bananenblätter

So wird es gemacht:

☺ Alle Zutaten in eine Schale geben und gut vermengen ➟ ca. 1 Stunde ziehen lassen ➟ abschmecken ➟ Fischmischung in 7 bis 8 Teile teilen und gut mit Alufolie umhüllen ➟ in einen Dampftopf geben und ca. 25 bis 30 Minuten dämpfen ➟ heiß oder kalt servieren.

Vermerk:
Man kann auch ohne extra Dampftopf die Fischmischung dämpfen (siehe Seite 8)

****

Gedämpfter Fisch

Zutaten:

1 großen Fisch mit festem weißem Fleisch (Sorte nach Belieben), säubern, waschen und abtrocknen
1 Esslöffel Sojasoße (Sorte nach Belieben)
2 cm Ingwerwurzel, fein hacken
3 bis 4 Schalotten oder rote Zwiebeln, in Streifen schneiden
1 Prise Chilipulver
Salz
Pfeffer
Öl

So wird es gemacht:

☺ Fisch von innen und außen salzen und pfeffern ➟ einige Schalottenstreifen und etwas Ingwer in den Fisch geben und in einen Dampftopf legen ➟ die restlichen Schalotten, Ingwer, 2 bis 3 Esslöffel Öl und Sojasoße darübergeben und ca. 20 bis 25 Minuten dämpfen ➟ heiß servieren.

Vermerk:
Man kann auch ohne extra Dampftopf dämpfen (siehe Seite 8).

****

Fischstäbchen

Zutaten:

250 bis 300 g Fischfilets, kochen und abtropfen lassen
2 bis 3 große Kartoffeln, schälen, waschen, kochen und pürieren
Salz
Pfeffer
Paniermehl
2 bis 3 Eier, aufschlagen, in eine Schale geben und verrühren
1 Schuss Sojasoße
Öl

Folgende Zutaten in einen Mörser geben und zerdrücken:

1 Teelöffel Kümmelpulver
1/2 Teelöffel Anissamen
1/2 Chilischote

So wird es gemacht:

☺ Fischfilets, Kartoffeln, Gewürzpaste, etwas Ei, Sojasoße, Salz und Pfeffer in eine Schale geben und gut verkneten ➟ Fischteig zu einer Rolle formen, dann flach drücken ➟ in Stücke schneiden.

☺ Öl in einer Pfanne erhitzen ➟ Fischstäbchen erst in Ei dann in Paniermehl wälzen und goldbraun braten.

****

Gebratener Fisch

Zutaten:

3 bis 4 mittelgroße Fische (z.B. Makrelen), säubern, waschen und abtropfen lassen
2 Teelöffel Kurkumapulver
Salz
Pfeffer
Öl

So wird es gemacht:

☺ Fisch von innen und außen mit Kurkuma, Salz und Pfeffer einreiben ➟ Öl in einer Pfanne erhitzen und die Fische darin braten ➟ heiß mit Reis oder Brot servieren.

****

Variante 2

Zutaten:

2 mittelgroße Fische, säubern, waschen und abtropfen lassen
1 Stange Zitronengras, hacken
1 Teelöffel Kurkuma
Salz

Folgenden Zutaten miteinander vermengen und zerdrücken:

1 bis 2 cm Krabbenpaste (Belancan)
5 bis 6 Esslöffel geriebenes Kokosnussfleisch
1 Knoblauchzehe, hacken
1 kleine Zwiebel, hacken
2 Schalotten, hacken
2 cm Ingwerwurzel, hacken

So wird es gemacht:

☺ Fisch von innen und außen mit Kurkuma und Salz einreiben und ca. 10 Minuten stehen lassen ➡ Gewürzpaste und Zitronengras in die Fische füllen ➡ Öl in einer Pfanne erhitzen und die Fische braten ➡ heiß mit Reis servieren.

****

Ikan Pangang
Gegrillter Fisch

Zutaten:

4 Makrelen, waschen und abtropfen lassen
Salz

Zutaten für die Soße:

1 bis 2 cm Krabbenpaste (Belancan)

1 bis 2 Stücke Tamarinde, in 1/2 Tasse Wasser einweichen, dann mit den Fingern pressen, damit die Säfte mit dem Wasser vermengt werden, 15 Minuten stehen lassen, durch ein Sieb geben und Saft auffangen, die im Sieb befindliche Tamarinde durchpressen und mit dem Saft verrühren

je 2 grüne und rote lange milde Peperoni, Stielansätze entfernen, der Länge nach halbieren und fein hacken

2 bis 3 Schalotten, in feine Streifen schneiden
Salz
Zucker

So wird es gemacht:

☺ Alle Zutaten für die Soße in eine Schale geben und gut vermengen ➟ mit Salz und Zucker abschmecken ➟ ganz kurz zum Kochen bringen und abkühlen lassen.

☺ Fische von innen und außen mit Salz einreiben ➟ über einem Grill braten (Holzkohle darf nicht mehr rauchen)

****

Variante 2

Zutaten:

4 Fische, säubern, waschen und abtropfen lassen
2 Schalotten, in Streifen schneiden
Salz
Pfeffer
Öl
Bananenblätter oder Alufolie. Falls man Bananenblätter verwendet, kurz in heißes Wasser tauchen, damit sie weich werden

Zutaten für die Soße:

1½ bis 2 Esslöffel helle und dunkle Sojasoßen
Saft einer Limette
2 bis 3 Schalotten, in Streifen schneiden
2 Teelöffel Krabbenpaste (Belancan)
2 bis 3 lange milde Peperoni, Stielansätze entfernen, in dünne Ringe schneiden und Samen entfernen
1 bis 2 Esslöffel Zucker

So wird es gemacht:

☺ Soße herstellen:
Krabbenpaste in einen kleinen Topf geben und bei schwacher Hitze weich dünsten ➟ alle anderen Zutaten dazugeben und gut vermengen ➟ ca. 1/2 Tasse kochendes Wasser darüber geben und umrühren, bis sich der Zucker aufgelöst hat ➟ in eine Schale geben.

☺ Fische von innen und außen mit Salz und Pfeffer bestreuen

➠ Schalotten in die Fische geben ➠ Bananenblätter oder Alufolien mit Öl einreiben und die Fische damit umhüllen ➠ über einem Grill rösten und heiß mit Soße servieren.

****

Variante 3

Zutaten:

1 großer Fisch, säubern, waschen und trocknen
1 Stange Zitronengras, zerkleinern
2 bis 3 Knoblauchzehen, vierteln
6 bis 7 Schalotten, vierteln
3 bis 4 lange milde Peperoni, Stielansätze entfernen, der Länge nach halbieren, Samen entfernen und zerkleinern
1 Teelöffel Kurkumapulver
ca. 2 cm Ingwerwurzel, zerkleinern
1 Tasse frisch geriebene Kokosnuss, in eine etwas größere Schale geben
Salz
Öl
Alufolie oder Bananenblätter

So wird es gemacht:

☺ Schalotten, Knoblauch, Zitronengras, Peperoni, Kurkuma und Ingwer in einen Elektromixer geben und pürieren (oder in einem Mörser zerdrücken) ➠ zu den Kokosnussraspeln geben und mit Salz abschmecken ➠ einen Teil der Gewürzmischung in den Fisch geben ➠ Alufolie mit etwas Öl einreiben und etwas Gewürzmischung darauf geben ➠ den gefüllten Fisch darauf legen und die restliche Gewürzmischung darauf verteilen ➠ Alufolie 2 bis 3mal um den Fisch hüllen, die Enden einschlagen und grillen.

****

Fischcurry

Zutaten:

500 g Fisch (Sorte nach Belieben, z.B. Makrelen), säubern, waschen, abtropfen lassen, von innen und außen mit Salz und Mehl einreiben und beiseite stellen
5 Knoblauchzehen:
- -2 Knoblauchzehen mit etwas Salz zerdrücken
- -3 Knoblauchzehen in feine Streifen schneiden

6 bis 7 Schalotten:
- ① 2 Schalotten hacken
- ② 4 Schalotten in Streifen schneiden

1 Esslöffel (oder mehr) Currypulver
1 Esslöffel gehackter Koriander. Ersatzweise Petersilie
1 Stück Tamarinde, in 3 Esslöffel Wasser einweichen, dann mit den Fingern zerdrücken und 10 Minuten in Wasser ziehen lassen, durch ein Sieb geben und Flüssigkeit auffangen. Die im Sieb befindliche Tamarinde durchpressen und mit dem Wasser verrühren
ca. 1 Tasse Kokosnussmilch (siehe Seite 7)
Salz
Öl

So wird es gemacht:

☺ Knoblauchpaste, gehackte Schalotten, Koriander oder Petersilie, Currypulver und etwas Salz in einen Mörser geben und zerdrücken ➡ etwas Wasser darüber geben und vermengen.

☺ Etwas Öl in einem Topf erhitzen ➡ die restlichen Schalotten dazugeben und glasig dünsten ➡ die restlichen Knoblauchzehen untermengen und kurz dünsten ➡ Gewürzpaste dazugeben, gut verrühren und weich dünsten ➡ eine 3/4 Tasse Kokosnussmilch darüber geben und gut vermengen ➡ zum Kochen bringen ➡ Fisch dazugeben und köcheln lassen, bis der Fisch gar ist. Falls die Flüssigkeit verdampft ist, die restliche Kokosnussmilch darüber gießen ➡ Tamarindesaft dazugeben ➡ umrühren und 4 bis 5 Minuten köcheln lassen ➡ heiß mit Reis servieren.

Variante 2

Zutaten:

500 g Makrelen, säubern, vierteln, waschen und abtropfen lassen
1 Handvoll kleine Okraschoten, Stielansätze kegelförmig abschneiden, waschen und abtropfen lassen
2 bis 3 Tomaten, hacken
1 Esslöffel Tomatenmark, in etwas Wasser auflösen
ca. 4 Tassen Kokosnussmilch (siehe Seite 7)
Saft einer Limette, oder 1/2 Tasse Tamarindesaft
Salz
Öl

Folgende Zutaten zu einer Paste verarbeiten:

1 bis 2 Knoblauchzehen, vierteln
1 kleine Zwiebel, hacken
2 Schalotten, hacken
1 Stange Zitronengras, zerkleinern
1 lange milde Peperoni, Stielansatz und Samen entfernen und zerkleinern
2 Esslöffel Currypulver
1 cm Ingwerwurzel (oder 1/2 Teelöffel Ingwerpulver)

So wird es gemacht:

☺ Etwas Öl in einem Topf erhitzen ➟ Gewürzpaste dazugeben und weich dünsten ➟ Tomaten und Okraschoten dazugeben ➟ salzen und dünsten, bis die meiste Flüssigkeit verdampft ist ➟ Fischstücke dazugeben und in der Soße gut vermengen ➟ die restlichen Zutaten dazugeben und gut verrühren ➟ kurz zum Kochen bringen, dann bei schwacher Hitze köcheln lassen, bis die Fischstücke gar sind und die Soße dick ist ➟ heiß mit Reis servieren.

****

Fisch in Tamarindesoße

Zutaten:

250 g Makrele, säubern, waschen und abtrocknen
3 bis 4 Tamarindestücke ca. 10 Minuten in 2 bis 2½ Tassen Wasser einweichen, dann mit den Fingern pressen und 5 bis 6 Minuten in Wasser ziehen lassen, Tamarindesaft durch ein Sieb geben und auffangen, die im Sieb befindliche Tamarinde durchpressen und mit dem Saft verrühren
1/4 Teelöffel Krabbenpaste (Belancan)
1 Zwiebel, in kleine Würfel schneiden
1 bis 2 lange milde Peperoni, Stielansätze entfernen, der Länge nach halbieren, Samen entfernen und hacken
1 Prise Chilipulver
Salz

So wird es gemacht:

☺ Tamarindesaft in einen Topf geben ➟ die restlichen Zutaten (außer Fischstücke) dazugeben und zum Kochen bringen, dann bei schwacher Hitze köcheln lassen, bis die Zwiebeln weich sind ➟ Fischstücke in die Soße geben und garen ➟ heiß mit Reis servieren.

****

Fisch in Sojasoße

Zutaten:

4 Fischfilets, säubern, waschen, abtrocknen, mit Salz und Pfeffer bestreuen und beiseite stellen
2 Esslöffel helle Sojasoße
2 Esslöffel dunkle Sojasoße
1 Stange Zitronengras, zerkleinern
1 Stück Tamarinde
2 lange milde Peperoni, Stielansätze entfernen, der Länge nach halbieren, Samen entfernen und zerkleinern
Zucker
Salz

So wird es gemacht:

☺ ca. 2 Tassen Wasser in einen Topf geben ➟ die Zutaten (außer den Fischfilets) dazugeben und zum Kochen bringen ➟ Fischfilets dazugeben ➟ mit Salz und Zucker abschmecken und kochen lassen, bis die Fischstücke gar sind ➟ heiß mit Reis servieren.

****

Fisch, süß-sauer

Zutaten:

1 Fisch (ca. 300 bis 400 g), säubern, waschen, trocknen und mit Salz und Pfeffer bestreuen
Öl

Zutaten für die Soße:

1/4 Tasse Tomatensaft
1 Zwiebel, in kleine Würfel schneiden
1 Esslöffel helle Sojasoße
1/2 Esslöffel Zucker
1 Esslöffel Essig
1 Esslöffel Ananassaft
1 Teelöffel Sojabohnenpaste
1 Esslöffel Mehl, in etwas Wasser auflösen (zum Andicken der Soße)
1 lange milde Peperoni, Stielansatz entfernen, der Länge nach halbieren, Samen entfernen und zerdrücken
ca. 1 Tasse Wasser

So wird es gemacht:

☺ Öl in einer Pfanne erhitzen und den Fisch dazugeben und gar braten ➟ aus der Pfanne nehmen ➟ auf einen Servierteller geben und warm halten.

☺ Zwiebeln in die Pfanne geben und glasig dünsten ➟ Sojabohnenpaste und zerdrückte Peperoni dazugeben und kurz dünsten ➟ Wasser und die restlichen Zutaten dazugeben und zum Kochen bringen. Dabei umrühren, bis sich der Zucker völlig aufgelöst hat ➟ das aufgelöste Mehl dazugeben und umrühren ➟ einige Minuten köcheln lassen, dann über den Fisch geben und servieren.

****

Variante 2

Zutaten:

1 Fisch (300 bis 400 g), säubern, Kopf und Schwanz abschneiden und in Stücke schneiden, waschen und abtropfen lassen
1 große Zwiebel, in Ringe schneiden
2 Knoblauchzehen, mit etwas Salz zerdrücken
1 Tasse Ananaswürfel
1 Esslöffel Chilisoße
2 bis 3 Esslöffel Zucker
3 bis 4 Esslöffel Tomatensaft
1 Esslöffel Essig
ca. 1 Tasse Wasser
1½ bis 2 Esslöffel Mehl, in 1 Esslöffel Wasser auflösen
Salz
Öl

So wird es gemacht:

☺ Öl in einer großen Pfanne erhitzen ➟ Zwiebeln dazugeben und glasig dünsten ➟ Knoblauchpaste untermengen und kurz dünsten ➟ Fischstücke dazugeben und kurz braten ➟ Ananaswürfel dazugeben ➟ braten, bis die Fischstücke fast gar sind ➟ die restlichen Zutaten dazugeben und umrühren, bis sich der Zucker völlig aufgelöst hat ➟ kurz zum Kochen bringen, dann bei schwacher Hitze köcheln lassen, bis die Fischstücke gar sind ➟ mit Zucker und Salz abschmecken und heiß servieren.

****

Gesalzener Fisch in Tamarindesoße

Zutaten:

250 g gesalzenen Fisch, in Stücke schneiden, waschen und abtropfen lassen
3 große Zwiebeln, in Ringe schneiden
2 Knoblauchzehen, hacken
1 lange milde Peperoni, Stielansatz entfernen, in Ringe schneiden und Samen entfernen
1 Stück Tamarinde, in 4 bis 5 Esslöffel Wasser ca. 10 Minuten einweichen, mit den Fingern pressen und weitere 5 bis 10 Minuten ziehen lassen, durch ein Sieb geben und Flüssigkeit auffangen, die im Sieb befindliche Tamarinde durchpressen und mit der Flüssigkeit verrühren
1 Teelöffel Zucker
Salz
Pfeffer
Öl

So wird es gemacht:

☺ Etwas Öl in einer Pfanne erhitzen ➟ Knoblauch dazugeben und dünsten, bis er etwas Farbe angenommen hat ➟ Fischstücke dazugeben und braten ➟ Zwiebeln und Tamarindesaft darüber geben und gut verrühren ➟ die restlichen Zutaten dazugeben ➟ umrühren, bis sich der Zucker völlig aufgelöst hat. Dabei zum Kochen bringen ➟ kochen lassen, bis die Fischstücke weich sind. Falls die Flüssigkeit völlig verdampft ist, etwas Wasser darübergeben ➟ heiß mit Reis servieren.

****

Fisch Sambal

Zutaten:

4 mittelgroße Fische (z.B. Makrelen), säubern, waschen und abtrocknen
3 Knoblauchzehen, hacken
5 bis 6 Schalotten, hacken
1 Zwiebel, in Streifen hacken
1 Stange Zitronengras, zerkleinern
3 bis 4 getrocknete rote lange milde Peperoni, ca. 10 Minuten in Wasser einweichen, Stielansätze entfernen, der Länge nach halbieren, Samen entfernen und hacken
1 Esslöffel Tamarindepaste, in 1 Tasse Wasser auflösen
1 Teelöffel Krabbenpaste (Belancan)
Zucker
Salz
Öl

So wird es gemacht:

☺ Öl in einer Pfanne erhitzen ➠ die Fische dazugeben und knusprig braten ➠ aus der Pfanne nehmen und beiseite stellen.
☺ Knoblauch, Schalotten, Zwiebeln und Peperoni mit etwas Salz in einen Mörser geben und zerdrücken ➠ Knoblauchpaste, Zitronengras und Krabbenpaste in das heiße Öl geben und weich dünsten ➠ Tamarindesaft, eine Prise Salz und 1 Esslöffel Zucker dazugeben ➠ umrühren, bis sich der Zucker völlig aufgelöst hat. Dabei zum Kochen bringen ➠ Fische dazugeben und bei schwacher Hitze köcheln lassen, bis die Soße anfängt dick zu werden ➠ Fische auf Servierteller geben ➠ Soße darüber geben und heiß servieren.

****

Penang Garnelensambal

Zutaten:

150 bis 200 g Garnelen, Köpfe entfernen, Schwänze dran lassen, waschen und abtropfen lassen
4 bis 5 lange milde Peperoni (am besten getrocknete Peperoni), Stielansätze entfernen, der Länge nach halbieren, Samen entfernen und hacken
3 Knoblauchzehen, vierteln
4 bis 5 Schalotten, vierteln
3 bis 5 Lauchzwiebeln, nur das Weiße hacken
1 bis 1½ cm Krabbenpaste (Belancan)
Ein Stück (ca. 1 cm) Tamarinde, ca. 5 Minuten in 3 bis 4 Esslöffel Wasser einlegen, dann die Tamarinde in dem Wasser mit der Fingern zerdrücken, durch ein Sieb geben und Flüssigkeit auffangen, dann im Sieb befindlichen Tamarinde durchpressen und mit der Flüssigkeit vermengen
Salz
Zucker
Öl

So wird es gemacht:

☺ Peperoni, Krabbenpaste, Lauchzwiebeln, Knoblauch, Schalotten, etwas Salz und Zucker in einen Mörser geben und zerdrücken.

☺ Etwas Öl in einer Pfanne erhitzen ➟ Gewürzpaste dazugeben und kurz dünsten ➟ Garnelen untermengen und bei schwacher Hitze braten, bis sie fast gar sind ➟ Tamarindeflüssigkeit darüber geben und zum Kochen bringen, kochen lassen, bis die Garnelen gar sind. Falls die Soße beim Kochen sehr dickflüssig wird, etwas Wasser darübergeben ➟ mit Salz und Zucker abschmecken.

****

Garnelen in Kokosnusssoße

Zutaten:

250 g große Garnelen, schälen, waschen und abtropfen lassen
1½ Tassen Kokosnussmilch (siehe Seite 7)
1 Stange Zitronengras, zerdrücken
2 bis 3 Knoblauchzehen, fein hacken
1 große Tomate, würfeln
2 bis 3 lange milde Peperoni, der Länge nach halbieren und Samen entfernen
3 Schalotten, in Streifen schneiden
1 Stück Tamarinde
Salz
Öl

So wird es gemacht:

☺ Etwas Öl in einer Pfanne oder einem Topf erhitzen ➟ Schalotten dazugeben und goldbraun braten ➟ aus der Pfanne nehmen und beiseite stellen ➟ Knoblauch und Zitronengras in die Pfanne geben und dünsten, bis sie Farbe annehmen ➟ 1/2 Tasse Kokosnussmilch und Garnelen dazugeben, umrühren und bei schwacher Hitze köcheln lassen, bis ein Teil der Flüssigkeit verdampft ist ➟ die restliche Kokosnussmilch, Tamarinde, Tomaten und Peperoni dazugeben ➟ eine Prise Salz darüber streuen und kurz zum Kochen bringen ➟ in eine Servierschale geben ➟ mit gebratenen Schalotten garnieren und servieren.

****

Garnelen in Gewürzsoße

Zutaten:

500 g Garnelen, schälen, waschen und abtropfen lassen
1 Zwiebel, in Streifen schneiden
1 Esslöffel Tamarindesaft
1 Stange Zitronengras, zerkleinern
Salz
Zucker
Öl

Folgende Zutaten zusammen in einen Mörser geben und zerdrücken:

1 cm Ingwerwurzel, hacken
1 Teelöffel Kurkumapulver
2 bis 3 Knoblauchzehen, vierteln
4 bis 5 Schalotten, vierteln
1/2 Teelöffel mildes Paprikapulver
1 Prise Salz

So wird es gemacht:

☺ Etwas Öl in einer Pfanne erhitzen ➟ Gewürzpaste dazugeben und weich dünsten ➟ Zwiebeln, Zitronengras, Salz und Zucker darüber geben, gut vermengen und kurz dünsten ➟ Tamarindesaft und Garnelen dazugeben ➟ umrühren ➟ etwas Wasser darüber geben, kurz zum Kochen bringen, dann ca. 10 bis 12 Minuten köcheln lassen

****

Gesalzener Fisch mit Bohnensprossen

Zutaten:

ca. 100 g gesalzenen Fisch, unter fließendem Wasser waschen, abtrocknen und in Scheiben schneiden
400 bis 500 g Sojabohnensprossen, waschen und abtropfen lassen
2 bis 3 Knoblauchzehen, mit etwas Salz zerdrücken
2 bis 3 Lauchzwiebeln, hacken
Salz
Pfeffer
Öl

So wird es gemacht:

☺ Öl in einer großen Pfanne erhitzen ➡ Fischstücke dazugeben und goldbraun braten ➡ aus der Pfanne nehmen und beiseite stellen ➡ Knoblauchpaste in das heiße Öl geben und kurz dünsten ➡ Sojabohnensprossen, Lauchzwiebeln, Salz und Pfeffer dazugeben und gut vermengen ➡ etwas Wasser und die Fischstücke untermengen und dünsten, bis die Sojabohnensprossen weich sind ➡ abschmecken und heiß servieren.

****

Teigspeisen

Roti Canai-Fladenbrot

Zutaten:

500 g Mehl (Sorte nach Belieben), sieben
ca. 1/2 Tasse Butterfett (Ghee) oder ungesalzene Butter, zerlassen
1 Teelöffel Salz
2 Teelöffel Zucker
1 Tasse Wasser
❍ Man kann auch ein Ei dazu verwenden

So wird es gemacht:

☺ Mehl, Salz, Zucker und Wasser zu einem Teig verkneten ➟ Teig mit einen feuchtem Tuch zudecken und 5 bis 6 Stunden stehen lassen, danach gut durchkneten ➟ in 7 bis 8 Teile schneiden und jedes Teil zu einer Kugel formen ➟ Teigkugeln einzeln in das zerlassene Butterfett tauchen und zu runden Fladen rollen ➟ etwas Butterfett in einer Pfanne erhitzen und die Fladen von beiden Seiten braten, bis sie Farbe annehmen ➟ heiß zu Hauptspeisen servieren.

❄❄❄❄❄❄❄❄❄❄

Kokosnussfladen

Zutaten:

150 g Reismehl, sieben
150 g Mehl (Sorte nach Belieben), sieben
1/2 Kokosnuss, Fruchtfleisch reiben
Butterfett (Ghee) oder ungesalzene Butter
1 Prise Salz

So wird es gemacht:

☺ Beide Mehlsorten, geriebene Kokosnuss, eine Prise Salz in eine Schale geben und gut verkneten ➟ Wasser nach und nach dazugeben und zu einem dickflüssigen Teig verkneten (oder mit einem Elektromixer verrühren). Der Teig darf nicht flüssig werden, ansonsten mit etwas Mehl andicken.
☺ Butterfett in einer Pfanne auf mittlerer Hitze zerlassen ➟ eine Kelle Teig in das heiße Fett geben und zu einem runden Fladen verteilen ➟ von beiden Seiten braten ➟ zu Currygerichten servieren.

❄❄❄❄❄❄❄❄❄❄

Gefüllte Dampfklöße

Zutaten:

500 g Mehl, sieben
1 Päckchen trockene Hefe
1 Teelöffel Backpulver
3 bis 4 Esslöffel Zucker
1 Prise Salz
Öl

Zutaten für die Füllung:

250 g Hackfleisch, gehacktes Hähnchenfleisch oder Krabben
1 Zwiebel, hacken
1 Schalotte, hacken
ca. 1 Esslöffel Sojasoße (Sorte nach Belieben)
1 Teelöffel mildes Paprikapulver
1 Teelöffel Garam Masala (Gewürzmischung)
Salz und Pfeffer
Öl

So wird es gemacht:

☺ Füllung vorbereiten:
Etwas Öl in einer Pfanne erhitzen ➟ Zwiebeln und Schalotten dazugeben und glasig dünsten ➟ Paprikapulver und Garam

Masala darüber geben, salzen und pfeffern und gut vermengen ➟ Hackfleisch oder gehacktes Hähnchen-fleisch und Sojasoße dazugeben und braten, bis die Flüssigkeit verdampft ist und das Fleisch gar ist. Dabei umrühren, damit die Fleischstücke auseinandergehen ➟ vom Herd nehmen und abkühlen lassen.

☺ Teig vorbereiten:

Mehl in eine Schale geben und in die Mitte eine Mulde drücken ➟ Hefe und Zucker mit etwas warmem Wasser auflösen und in die Mulde geben ➟ ca. 10 Minuten stehen lassen ➟ 1/2 Teelöffel Salz und Backpulver dazugeben und kneten ➟ ca. 1 Tasse Wasser nach und nach dazugeben und zu einem Teig gut verkneten. Falls der Teig sehr fest wird, etwas Wasser darüber geben und kneten ➟ Teig mit einem feuchtem Tuch zudecken und stehen lassen, bis sich sein Volumen verdoppelt hat ➟ Teig gut durchkneten und zu einer Rolle formen ➟ Teigrolle in 4 bis 5 Stücke schneiden und zu Kugeln verarbeiten. Dabei die Handflächen mit Mehl einreiben (oder bestreuen).

☺ Teigkugeln flach drücken und in die Mitte die Füllung geben, dann zwischen beiden Handflächen zu einer Kugel rollen ➟ in einem Dampftopf für 12 bis 15 Minuten dämpfen und servieren.

Vermerk:

Man kann auch ohne extra Dampftopf dämpfen, siehe Seite 8.

❊❊❊❊❊❊❊❊❊❊❊

Gefüllte Teigtaschen

Zutaten:

250 g Mehl (Sorte nach Belieben), sieben

1 bis 2 Eier, aufschlagen, in eine Schale geben, ca. 1/2 Teelöffel Salz dazugeben und verrühren

Öl

Zutaten für die Füllung:

100 g Krabben, zerkleinern. Man kann auch Hackfleisch dazu verwenden
4 bis 5 Esslöffel geriebene frische Kokosnuss
2 bis 3 Schalotten, fein hacken
1 Teelöffel Kurkuma
1 Teelöffel mildes Paprikapulver
1 Stange Zitronengras, fein hacken oder zerdrücken
1 Prise Zucker
1 Prise Salz

So wird es gemacht:

☺ Füllung vorbereiten:
Etwas Öl in einer Pfanne erhitzen ➟ Schalotten dazugeben und glasig dünsten ➟ Kokosnussraspel und Krabben (oder Fleisch) dazugeben und gut vermengen ➟ kurz dünsten und die restlichen Zutaten für die Füllung untermengen und einige Minuten dünsten ➟ Pfanne vom Herd nehmen und abkühlen lassen.

☺ Blätterteig vorbereiten:
Mehl, Eier, Salz und 2 bis 3 Esslöffel Öl in eine Schale geben und kneten ➟ Wasser nach und nach dazugeben und zu einem Teig verkneten ➟ Teig mit feuchtem Tuch zudecken und ca. 1 Stunde ruhen lassen.

☺ Den Teig zu einem großen Fladen ausrollen ➟ mit einer Tasse oder einem Glas (offene Seite) runde kleine Teigkreise schneiden ➟ auf eine Hälfte jedes Teigkreises etwas Füllung auflegen ➟ die leeren Seiten über die Füllung legen (Halbmond) und die Ecken zusammendrücken, dann seitlich hochheben und mit den Fingern rollen. Damit die Füllung beim Braten nicht auslaufen kann.

☺ Öl in einer Pfanne erhitzen ➟ die fertigen Teigtaschen darin braten. Beide Seiten müssen goldbraun werden ➟ aus der Pfanne nehmen, abtropfen lassen und heiß oder kalt servieren.

❄❄❄❄❄❄❄❄❄❄

Süßspeisen

Gefüllte Teigkugeln mit Nüssen

Zutaten:

500 g Mehl, sieben
250 g Butterfett (Ghee), zerlassen
150 g geschälte Erdnüsse und 50 g Mandeln, zerdrücken (man kann auch andere Nusssorten verwenden)
100 bis 125 g Puderzucker

So wird es gemacht:

☺ Erdnüsse und Zucker miteinander verkneten und beiseite stellen.

☺ Mehl und zerlassenes Butterfett zu einem Teig verkneten ➟ Teig in Stücke schneiden und jedes Stück zu einer Kugel formen ➟ mit den Fingern eine Mulde in die Mitte drücken, dabei die Kugel drehen, damit eine länglichen Form und Platz für die Füllung entstehen kann ➟ ein Esslöffel Füllung in die Mulde geben und die Öffnung glatt schließen ➟ die gefüllten Taschen auf ein eingefettetes Backblech legen und in den vorgeheizten Backofen (mittlere Hitze ca. 175°C) schieben und backen, bis die Taschen braune Farbe annehmen. Sie dürfen nicht zu lange gebacken werden, ansonsten werden sie hart ➟ Puderzucker darüber streuen ➟ abkühlen lassen und servieren.

****

Gebratene Bananen

Zutaten:

3 bis 4 reife Bananen, schälen und mit einer Gabel pürieren
1/2 Tasse Mehl, sieben
2 bis 3 Esslöffel Reismehl, sieben
1 Teelöffel Backpulver
1 Esslöffel Zucker
1 Prise Salz
Öl

So wird es gemacht:

☺ Alle Zutaten (außer Öl) in eine Schale geben und zu einem Teig gut verkneten ➟ etwas Wasser darüber geben und kneten ➟ Öl in einer Pfanne erhitzen ➟ Teig zu kleinen Kugeln formen und flach drücken ➟ in das heiße Öl geben und von beiden Seite braten, bis sie Farbe annehmen ➟ aus der Pfanne nehmen, abtropfen lassen und servieren.

****

Variante 2

Zutaten:

ca. 10 reife Bananen, mit einer Gabel pürieren
350 g Mehl, sieben und mit 1 Teelöffel Backpulver mischen
250 g Zucker
2 Tassen Kokosnussmilch (siehe Seite 7)
3 bis 4 Eier, aufschlagen, in eine Schale geben und verrühren
1 Prise Salz
Öl

So wird es gemacht:

☺ Zucker, eine Prise Salz und Eier miteinander vermengen und cremig schlagen ➟ zum Mehl geben und gut verrühren ➟ Bananenpüree und Kokosnussmilch darüber geben und mit einem Elektromixer verrühren. Die Mischung soll etwas flüssig sein.

☺ Öl in einer Pfanne erhitzen ➟ Bananenmischung löffelweise in das heiße Öl geben und goldbraun braten ➟ aus der Pfanne nehmen ➟ abtropfen lassen und kühl stellen.

****

Süßkartoffelkugeln in Sirup

Zutaten:

500 g Süßkartoffeln, gar kochen, schälen und pürieren
250 g Mehl, sieben
1/2 Tasse Zucker
1 Tasse Wasser
Kokosnussraspel
Öl

So wird es gemacht:

☺ Mehl und Süßkartoffeln in eine Schale geben und gut verkneten ➟ Teig zu kleinen Kugeln formen ➟ reichlich Öl in einer Pfanne erhitzen und die Kugeln darin goldbraun fritieren ➟ aus dem Öl nehmen und abtropfen lassen.

☺ Wasser und Zucker in einen kleinen Topf geben und solange umrühren, bis sich der Zucker völlig aufgelöst hat, dabei zum Kochen bringen ➟ gebratene Kugeln in den Sirup geben (mehrere gleichzeitig) und kurz brodeln lassen ➟ mit einem Schaumlöffel aus dem Sirup nehmen, in Kokosnuss-raspeln geben, darin wälzen, auf einen Servierteller geben und servieren.

****

Gebratene Brotfrucht

Zutaten:

250 g Mehl, sieben
ca. 2 Tassen Wasser
1 kleine Brotfrucht, schälen, halbieren, Kerne und Kerngehäuse entfernen und in kleine Würfel schneiden
1 Prise Salz
Öl

So wird es gemacht:

☺ Mehl, Wasser und eine Prise Salz in eine Schale geben und mit einem Elektromixer gut verrühren ➟ Brotfruchtstücke dazugeben und gut vermengen ➟ Öl in einer Pfanne erhitzen ➟ Teigmischung löffelweise in das heiße Öl geben und braten ➟ aus der Pfanne nehmen, abtropfen lassen und kalt stellen.

****

Gebackener Kürbis

Zutaten:

3½ bis 4 Tassen in Würfel geschnittener Kürbis, gar kochen und pürieren
2 Eier, aufschlagen, in eine Schale geben und verrühren, dann 1 Tasse Zucker dazugeben und verrühren, bis sich der Zucker völlig aufgelöst hat
4 bis 5 Esslöffel Mehl
Butter
1½ Tassen Kokosnussmilch (siehe Seite 7)
1 Prise Salz

So wird es gemacht:

☺ Backofen auf 200°C vorheizen.

☺ Kürbispüree, Eizuckermischung, Kokosnussmilch, Mehl und eine Prise Salz in eine Schale geben und gut vermengen ➟ Backform mit Butter einpinseln ➟ die Kürbismischung in die Form hineingeben und flach verteilen ➟ in den Backofen schieben und backen, bis die Oberfläche eine braune Farbe annimmt ➟ aus dem Ofen nehmen, abkühlen lassen und in viereckige Stücke (Formen) schneiden.

****

Gebackene Bananen

Zutaten:

10 reife Bananen, schälen und mit einer Gabel pürieren
250 g Mehl, sieben und mit 1 Teelöffel Backpulver mischen
1½ Tassen Kokosnussmilch (siehe Seite 7)
3 Esslöffel Zucker
1 Prise Salz
Butter

So wird es gemacht:

☺ Backofen auf 200°C vorheizen.
☺ Bananenpüree, Mehl und eine Prise Salz in eine Schale geben und gut verkneten ➟ Zucker in Kokosnussmilch auflösen und dazugeben ➟ gut verkneten ➟ Backform mit Butter einpinseln und Bananenmischung flach darauf verteilen ➟ in den Backofen schieben und goldbraun backen ➟ aus dem Ofen nehmen ➟ abkühlen lassen und in Würfel schneiden.

****

Exotische Küche

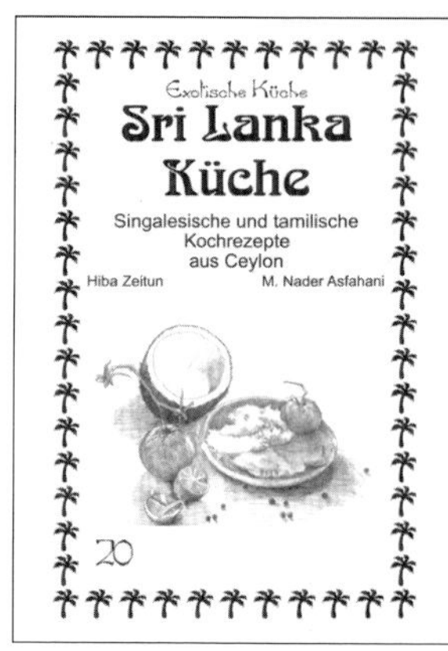